AI와 이미지 조작

AI총서

인공지능 시대입니다. 기계가 인간의 인지를 대신하고, 사물이 인간을 통하지 않고 다른 사물과 직접 커뮤니케이션합니다. 이에 따른 인간 삶과 문명 변화를 정확히 이해 · 예측 · 대응하는 것은 이 시대 우리 모두의 과제입니다. AI총서는 인공지능 기술과 환경의 여러 주제를 10가지 키워드로 정리합니다. 관련 개념과 이론, 학계와 산업계의 쟁점, 우리 일상의 변화를 다룹니다. 인간과 기술의 현재, 미래를 세심히 분석합니다.

일러두기

- 인명, 작품명, 저서명, 개념어 등은 한글과 함께 괄호 안에 해당 국가의 원어를 병기했습니다.
- 외래어 표기는 현행 어문규정의 외래어표기법을 따랐습니다.

처음이세요?

전문가세요?

AI와 이미지 조작

강승구

대한민국, 서울, 커뮤니케이션북스, 2025

AI와 이미지 조작

지은이 강승구
펴낸이 박영률

초판 1쇄 펴낸날 2025년 11월 28일

커뮤니케이션북스(주)
출판 등록 2007년 8월 17일 제313-2007-000166호
02880 서울시 성북구 성북로 5-11
전화(02) 7474 001, 팩스(02) 736 5047
commbooks@commbooks.com
www.commbooks.com

ISBN 979-11-430-1363-7 03500

책값은 뒤표지에 표시되어 있습니다.

차례

AI와 이미지 조작

인류 문명의 역사는 대략 BC 4000년부터 시작되는 것으로 추정된다. 인류가 그 전부터 존재했다 하더라도 점토문자 등 문자의 역사가 시작된 시기는 BC 4000년경이라고 봐야 한다. 메소포타미아 지역에서 활동했던 수메르인들이 시작한 설형문자와 이집트의 상형문자 등을 통해 인류는 문명의 시작을 알렸다. 설형문자(Cuneiform, 楔形文字)의 경우 대략 BC 3500년부터 나타나기 시작하며, 상형문자(Pictograph)도 BC 3000년경 나타난 것으로 추정된다. 지구상의 인류는 문자를 통해서 문명의 시작을 알리고 있으며, 이 문자를 많은 사람들에게 전달하기 위한 수단으로 미디어(Media)를 발달시키고 있다. 이집트의 오벨리스크 같은 돌기둥도 알고 보면 이집트 국왕의 치적을 상형문자를 통해서 백성들에게 널리 PR하고자 했던 미디어였던 것이다. 인간이 만든 문자를 많은 사람들에게 전달하기 위한 미디어로 고대에는 파피루스와 양피지가 사용되었고, 중국과 한국에서는 종이가 사용되었다. 이집트에서는 점토판과 돌판에 자신의 의견을 써 내려갔고, 이것이 로마 시대에는 석고 기둥이나 게시판에 게시하는 포스터로 발전하게 되었다. 중국에서 시작된 종이가 중앙아시아를 통해 유럽으로 전파된 이후 구텐베르크의 금속활자가 개발되어, 종이 필사본이 아닌 종이 위에 대량 인쇄된 책자 같은 미디어가 개발되기 시작함으로써 대량 정보가 유럽 사회에서 유통되기 시작했다. 금속활자를 통한 대량 인쇄는 도서의 공급뿐만 아니라 신문이라는 새로운 미디어의 개발에 촉매 역할을 했다. 신문은 단순한 정보 공급뿐만 아니라 광고의 대량 유행을 통해 농산물 유통을 원활하게 만들었고, 정치적 의견 표출의 장으로 역할을 함으로써 근대 시민사회를 형성하게 했다. 계몽 사상과 인권주의 사상, 민주주의 사상이 바로 이런 신문 미디어의 역할에 의해서 형성되었던 것이다. 그리고 영국의 산업혁명을 통해 기계의 발달은 영상 미디어의 출현을 가능케 했다. 에디슨 같은 발명가들을 통해서 움직이는 영상을 볼 수 있는 시네마토그라프(Cinematograph) 등의 영상 미디어가 개발되고, 1920년대 초 전파 미디어로서 라디오가 개발되고, 1930년대 초 독일에서 TV가 개발됨으로써 본격적인 영상 미디어의 시대가 열렸다. 1936년 독일 베를린 올림픽의 마라톤 경기는 TV로 생중계되었다.

TV 이후 인류 문명에 영향을 끼친 미디어는 컴퓨터와 인터넷이다. 제2차 세계대전 때 독일군의 암호를 해독하기 위해 앨런 튜링(Alan Turing)에 의해 컴퓨터가 급히 개발되었고, 컴퓨터의 발전은 군사적 목적으로 개발된 인터넷망의 설치로 인해 전 세계인을 연결해 주는 글로벌 미디어로 자리매김했다. 앨런 튜링의 수학적 영감은 컴퓨터를 개발했을 뿐만 아니라 현재의 인공지능인 AI를 개발하는 데 큰 도움이 되었다고 볼 수 있기에, 전 세계는 앨런 튜링을 컴퓨터와 인공지능의 아버지라고 부른다. 결국 인류 문명의 역사는 어떤 미디어가 그 시대에 개발되느냐에 따라 변화의 양상이 크게 바뀐다고 볼 수 있다. 인류 문명의 발달과 변화의 중심에는 미디어가 자리 잡고 있다고 해도 과언이 아니다.

그런데 전 세계적으로 AI 인공지능이 개발되고 활용된다 하더라도 컴퓨터와 인터넷, 그리고 동영상 기술이 없다면 인공지능은 무용지물이다. AI 인공지능과 이미지 조작의 문제도 이런 기술들의 합작품이기 때문이다. 현재 인공지능의 기술을 통해 수많은 이미지 창출과 이미지 조작이 일어나고 있는데, 컴퓨터와 인터넷, 동영상의 기술이 없었다면 가능하지 않은 일이다. 그래서 인공지능과 이미지 조작의 문제도 이런 미디어의 발달사 차원에서 먼저 접근하는 것이 필요하다. 그리고 이미지 조작에 대한 적절한 법적, 행정적 규제가 필요하다. 딥페이크를 통한 이미지 조작 및 변조가 너무 쉬운 것도 문제다. 기술 발전으로 인한 폐해의 한 단면이다. AI 기술 발전과 함께 쉽게 이뤄질 수 있는 이미지 조작은 이미 우리 사회에 깊숙이 들어와 있다. 현재 딥페이크를 통해 동료 여학생들의 이미지를 조작해 음란 동영상을 만든 중학생들이 경찰의 조사를 받고 있지만, 워낙 빠져나가는 기술도 발전하다 보니 처벌이 쉽지 않다는 보도도 나오고 있는 실정이다. 이것이야말로 기술 발전이 가져다주는 심각한 폐해가 아닐 수 없다.

책의 구성

이 책은 AI의 기술 발전이 가져다주는 혜택 못지 않게 AI로 인한 이미지 조작이 얼마나 심각한 문제를 야기할 수 있는지를 규명해 보고자 한다. AI를 통해 이미지 조작은 어떤 방식으로 일어날 수 있으며, 동영상 및 그래픽 이미지의 변조 또는 조작이 얼마나 쉽게 일어날 수 있는지를 규명하려고 노력했다. 그리고 다양한 사례를 제시하면서 독자들이 이미지 조작에 대해서 한번 깊이 생각해 볼 수 있는 기회를 마련해 보고자 했다. 재미로 만들어 본다는 밈(Meme) 영상에 대해서도 우리는 다시 생각해 봐야 한다. 그런 밈 영상으로 인해 이미지는 조작되고 있으며, 이미지 조작과 변조는 당사자에게 큰 심리적 피해를 끼치는 한편으로 그런 영상을 접하는 수용자들에게도 이미지의 혼란과 왜곡의 결과를 낳게 된다. 그런 현상이 과연 바람직한가? 이 책은 이런 물음에 답을 얻기 위해 여러 사례들을 제시하면서 거기에 대한 해답을 구하려고 했다.

그리고 AI가 가져다줄 수 있는 이미지 창출 및 이미지 표현의 긍정적인 측면에 대해서도 기술했다. AI 시대의 전과 후는 확실한 차이가 있다. 지금까지 AI만큼 이미지 창출에 획기적인 기능을 발휘하고 있는 도구는 없다고 해도 과언이 아니다. 그런 점을 우리는 간과해서는 안된다. 인간 사회에 미디어가 가져다준 많은 혜택 가운데 새로운 이미지 창출에 AI만큼 쉽고도 많은 결과물을 가져다준 미디어는 없기 때문에 우리는 그런 AI 기능도 무시해서는 안 될 것이다. 다만 AI 기술 발전으로 인해 우리가 예기치 못한 사회적 현상이나 폐해를 맞닥뜨리게 될 때, 그런 문제를 해결할 수 있는 방법이나 법적 규제 장치를 미리 잘 마련해 두는 것만이 폐해를 예방하고 해결할 수 있는 지름길이 될 것이다. 아무쪼록 이 책을 통해서, AI가 가져다줄 수 있는 이미지 창출과 이미지 조작이 가져올 여러 결과에 대한 독자들의 인식의 지평이 넓어질 수 있기만을 바랄 뿐이다.

01
이미지 조작의 역사

21세기는 영상의 시대이고 디지털의 시대다. 그리고 AI 인공지능의 시대가 펼쳐지고 있다. 20세기까지는 글과 문장, 그림과 사진, 연설과 영화에 의해서 이미지 조작이 이루어졌지만 이제는 디지털과 인공지능에 의해서 이미지 조작이 이뤄질 것이다.

기후 위기와 인공지능?

나폴레옹과 이미지 조작

이미지 조작의 역사는 가장 먼저 나폴레옹 시대로 거슬러 올라가야 한다. 전쟁의 신이자 프랑스의 국민적 영웅인 나폴레옹 보나파르트 1세는 황제가 되기 전 자신을 미화하기 위해서 화가들로 하여금 자신과 관련된 일들을 그림으로 그리게 했다. 그중 가장 유명한 그림은 나폴레옹이 알프스 산을 말을 타고 넘어가는 그림이다. 1801년 자크 루이 다비드(Jacques Louis David)가 그린 이 그림은 화가가 자발적으로 그린 그림이 아니라 나폴레옹에 의해 주문 제작된 그림이다. 나폴레옹은 자신을 좀 더 강인한 이미지로 드러내기 위해 일부러 특정한 그림을 주문 제작한 것이다. 그것이 바로 알프스 산을 백마를 타고 넘어가는 나폴레옹의 모습의 그림인 것이다. 나폴레옹은 다비드에게 사나운 말 위에 올라탄 평온한 모습으로 자신을 그리라고 명했다. 그리고 이 그림에 "나의 사전엔 불가능이란 없다"라는 부제를 달도록 했다. 1800년 북부 이탈리아를 침공했던 마렝고 전투에서의 승리를 기념하면서 나폴레옹 자신의 이미지를 강인한 군주 혹은 군인의 모습으로 미화하기 위해 만들어진 이미지는 미화의 수준을 넘어 조작의 수준으로 들어서고 있는 것이다. 나폴레옹은 이 그림을 4점이나 복사하게 만들고 사람들에게 나누어 줌으로써 소문이 나게 만들었다. 이런 그림 덕택에 나폴레옹은 총통이 되고 나중에 황제의 자리에 등극했다.

그러면 실제 알프스를 넘는 나폴레옹의 모습은 어떠했을까? 화가 폴 들라로슈(Paul Delaroche)가 1834년에 그린 그림에는 나폴레옹이 노새를 타고 알프스를 넘는 장면이 나온다. 아주 평범한 모습의 산행길이다. 작은 노새를 타고 알프스 산을 힘겹게 오르는 모습이다. 이처럼 알프스를 넘는다는 것은 힘든 일인데, 다비드의 그림에서처럼 말의 갈기가 사나운 바람에 날리고, 몸에 걸친 붉은 망토 또한 바람에 날리는 가운데 말 위에서 손가락으로 앞을 가리키는 모습은 나폴레옹의 심각한 나르시시즘(narcissism)을 보여 준다. 결국은 조작된 이미지라고 말할 수 있다. 이렇게 조작된 이미지로 황제가 된 나폴레옹은 이미지 조작의 최대의 수혜자인 셈이다.

아돌프 히틀러와 이미지 조작

세계 역사에서 이미지 조작으로 수혜를 입은 또 다른 지도자가 있다. 독일의 아돌프 히틀러(Adolf Hitler, 1889~1945)다. 히틀러는 아시다시피 유럽 근대사에 빼놓을 수 없는 인물인데, 1933년 독일의 수상에 올랐고, 1934

년에는 힌덴부르크 대통령의 갑작스런 유고로 인해 대통령직을 겸하게 됨으로써 결국 퓌러(Führer)의 칭호를 받았다. 하지만 처음부터 인기 있는 지도자였던 것은 아니다. 1934년 히틀러는 「독일국 국가 원수에 관한 법률(Gesetz über das Staatsoberhaupt des Deutschen Reiches)」을 제정해 1934년 8월 1일부터 대통령의 권한을 자신에게 부여했다. 그리고 당대표까지 맡으면서 퓌러라고 불리게 되었는데, '퓌러(Führer)'라는 칭호는 우리말로 최고의 영도자라는 의미로 해석할 수 있다. 한쪽 손을 들면서 외치는 "하일 히틀러(Heil Hitler)"라는 이칭은 히틀러에 대한 최고의 찬사라고 할 수 있는 것이다. 그런데 이렇게 독일 국민들이 히틀러를 최고의 영도자로 숭배하게 된 데에는 이런 상황을 만들어 간 인물이 있었으니 그가 바로 파울 괴벨스(Paul Goebbels, 1897~1945)다.

괴벨스는 대중 연설에 매우 능한 사람이었고, 자신이 존경하는 인물인 히틀러를 대중 연설에 능하게 만들었다. 히틀러가 연설을 할 때 괴벨스는 어느 대목에서 환호하고 열광할지를 미리 알려 주었고, 심지어는 배우들까지 청중 속에 섞여 있게 함으로써 환호성이 절정에 이르게 조작했다. 히틀러의 열광적인 연설과 함께 청중들의 뜨거운 열광과 환호는 미리 계획된 시나리오였던 것이다. 이러한 사전 계획을 몰랐던 일반 청중은 히틀러에게 매료되었고, 점점 히틀러를 범접할 수 없는 퓌러로 인식하게 되었다. 괴벨스는 당시 직책이 국민계몽선전부 장관이었는데, 주로 하는 일이 나치당을 선전하고 히틀러의 이미지를 조작하는 일이 주 업무였다.

괴벨스가 했던 어록 중에는 이런 말들이 있다. "나에게 한 문장만 달라. 그러면 누구든지 범죄자로 만들 수 있다." 글과 문장만으로 선량한 사람도 범죄자로 몰아갈 수 있다는 뜻이다. 선량한 사람의 이미지가 몇 문장으로 인해 범죄자의 이미지로 조작될 수 있다는 의미로 해석된다. "100%의 거짓말보다는 99%의 거짓말과 1%의 진실의 배합이 더 나은 효과를 보여 준다." 작은 진실에다 많은 거짓을 붙이면, 사람들을 속이고 선량한 사람의 이미지에 먹칠을 할 수 있다는 뜻이다. "선동은 문장 한 줄로도 가능하지만, 그것을 반박하려면 수십 장의 문서와 증거가 필요하다. 그리고 그것을 반박하려고 할 때면 사람들은 이미 선동당해 있다." 이 말은 이미지가 이미 한번 훼손되면 쉽게 복원되기 어렵다는 뜻으로 풀이된다. 이미지의 훼손이나 이미지 조작은 쉽게 이뤄질 수 있지만 흠집난 이미지의 회복은 그만큼 어려운 것이다.

괴벨스는 히틀러의 이미지를 좋은 방향으로 만들기 위해, 그리고 국민들이 히틀러를 국민적 영웅으로 여기도록 만들기 위해 미디어를 사용했다. 제일 먼저 라디오를 무료로 공급했다. 온 국민이 히틀러 관련 뉴스를 빨리 접하고 그의 연설을 들을 수 있도록 한 것이다. 그러고 나선 영화를 통해 이미지를 조작하기 시작했다. 1935년 독일 뉘른베르크에서 나치당 전당대회가 열렸을 때, 괴벨스는 여성 감독인 레니 리펜슈탈(Leni Riefenstahl)을 통해 나치의 히틀러를 신격화하는 다큐멘터리 영화를 만들었다. 〈의지의 승리(Triumph of the Will)〉라는 이 영화는 비록 기록영화에 불과했지만, 연출 기법이나 혁신적인 촬영 기법 및 카메라 앵글 작업 덕분에 시청하는 이로 하여금 감동을 자아내게 했으며, 히틀러가 가지고 있는 본래의 이미지보다 훨씬 좋은 이미지를 만들어 줌으로써 거의 이미지 조작의 수준에 이르게 되었다. 히틀러는 신이며, 히틀러의 말이 곧 진리가 되도록 만들어 주었다. 영화를 통한 이미지 조작은 괴벨스가 독일 민중에게 행한 가장 나쁜 이미지 조작이 된 것이다. 독일 국민들과 나치당원들은 히틀러를 위해 기꺼이 전쟁터에 나가 싸우다 죽었으며, 몇백만 명의 유대인을 가스실에서 처형하는 데 앞장섰기 때문이다. 독일 국민들의 이러한 행동과 히틀러에 대한 충성심은 괴벨스가 행한 이미지 조작에서 비롯된 것이라고 평가될 수밖에 없다. 독일 국민들을 파멸과 죽음으로 몰아넣은 괴벨스는 나중에 이미지 조작의 3대 원리를 주창한 바 있는데 그것은 다음과 같다.

1. 가상의 적을 만들어라.
2. 반복적이고 단순한 화법을 사용해라.
3. 호감을 얻어라.

여기에서 2번은 반복 학습의 방법을 말한다. 단순한 문장을 반복적으로 강조하다 보면 새로운 이미지를 창출할 수도 있고 특정 이미지를 조작할 수도 있다는 뜻으로 해석할 수 있다.

이제 21세기는 영상의 시대이고 디지털의 시대다. 그리고 AI의 시대가 펼쳐지고 있다. 20세기까지는 글과 문장, 그림과 사진, 연설과 영화에 의해서 이미지 조작이 이루어졌지만 이제는 디지털과 인공지능에 의해서 이미지 조작이 이뤄질 것이다. 더욱 정교하고 교묘하게 조작이 이뤄질 것이며, 소비자들과 수용자들이 잘 인식하지 못하는 상황 속에서 이루어질 수도 있다. 예를 들면 잠재

의식 광고(Subliminal Advertising) 같은 기법은 소비자들이 잘 인지하지 못하는 상황 속에서 광고에 노출됨으로써 무의식중에 광고된 제품을 좋아하게 된다거나 혹은 숨겨진 코드 때문에 특정 제품을 구입하게 된다는 원리를 주장한다.

이제 이미지 생성 AI가 활성화된다면 새로운 이미지를 창출하기 위해 모든 사람이 혈안이 될 것이고, 특정 이미지를 자기들에게 유리한 방향으로 조작하려고 노력하게 될 것이다. 혹은 다른 사람들을 조롱하기 위해 이미지를 사용하기도 할 것이다. 어찌 보면 이미지 조작의 시대가 열리고 있는 셈이라고 말할 수 있다.

02
이미지 창출과 이미지 조작의 경계선

AI는 뛰어난 영상 기술의 바탕이 된다. AI가 만능으로 할 수 있는 영역을 열었다는 점에서는 긍정할 수 있겠지만, 현실과 너무 동떨어진 이미지 창출은 창조의 영역을 넘어서 조작의 영역으로 들어간다.

노래하는 AI 보컬?

밈

2023년 3월 해외 유튜버 중 한 사람인 데몬플라잉폭스(demonflyingfox)가 〈해리 포터 바이 발렌시아가(Harry Potter by Balenciaga)〉라는 영상을 공개한 적이 있다. 많은 사람들을 놀라게 한 이 영상은, 영화 〈해리 포터〉 시리즈에 등장하는 인물들이 프랑스 명품 브랜드인 발렌시아가(Balenciaga) 의상을 입고 패션쇼를 펼치는 영상이었다(국민일보, 2024). 이 영상은 생성형 인공지능 모델 네 가지를 동원해 제작한 것으로 알려지고 있는데, AI 밈의 시초로 일컬어진다. '밈(Meme)'이라고 하는 용어는 1976년 리처드 도킨스(Richard Dawkins)가 저술한 책 《이기적 유전자(The Selfish Gene)》에서 비롯된 것인데, 도킨스는 생물학에서 유전자가 자기 복제 기능을 통해 반복 재생되는 것처럼 사회문화계에서도 복제 현상이 일어날 수 있다고 예측했다. 도킨스는, "인간은 DNA라 불리는 분자를 후세에 전하기 위한 생존 기계일 뿐이다"라고 주장했다. 자기 복제를 계속하는 것을 의미하는 밈이라는 용어는 그리스어로 모방을 뜻하는 미메시스(Mimesis)와 유전자인 진(Gene)의 합성어다. 디지털 시대에는 주로 재미있는 이미지, 짧은 영상 등을 통해 모방 및 복제가 일어나는 현상을 일컫는다. 밈 영상은 유머를 동반한 패러디 영상이라고 볼 수 있는데, AI가 있기에 가능한 일이다. 이러한 밈 영상을 이미지 창출 측면에서 바라볼 수 있다. 재미난 영상을 만들기 위해 역사적 인물을 등장시킨다든지, 혹은 영화의 등장인물들을 출연시킨다든지 해서 보는 이들에게 재미와 호기심과 즐거움을 선사해 주는 행위야말로 진정한 이미지 창출 행위라고 말할 수 있다. 데몬플라잉폭스는 해리 포터 시리즈 영상뿐만 아니라 세계의 대통령들과 글로벌 기업 CEO들이 나오는 〈월드 프레지던트 바이 발렌시아가(World Presidents by Balenciaga)〉와 〈CEO 바이 발렌시아가(CEO by Balenciaga)〉라는 제목의 밈 영상들도 만들어 낸 바 있다(OHFUN Discuss, 2023). 하지만 세계적인 대통령들과 CEO들이 패션 브랜드 발렌시아가 의상을 입고 런웨이에 서는 영상들을 재미로만 보기에는 씁쓸한 점이 분명히 있다. 제작자는 재미를 위한 밈 영상이라고 치부하겠지만 그 영상에 나타난 세계적 인물들의 비주얼 측면에는 좋지 않은 이미지가 덧입혀질 수 있다. 이미지 창출의 영역을 넘어 이미지 조작의 냄새가 스멀스멀 피어오르고 있는 것이다.

우리나라에도 이런 밈 영상을 만들어 내는 AI 아티스트(Artist)가 있다. 라이언 오슬링(@ryan_ohsling)이라는 AI 크리에이터인데, 2024년 6월 현충일을 맞이해서 대한민국 독립 영웅들의 모습을 살아 있는 분들의 모습으로 표현하면서 일상을 즐기는 이미지를 창출한 바 있다. 안중근이 퇴근 후 친구들과 위스키를 마시면서 대화를 나누는 모습, 유관순이 하교 후에 친구들과 분식집에서 떡볶이를 먹으며 대화를 나누는 모습을 연출한 바 있다. 새로운 이미지 창출의 작업이라고 말할 수 있다. 이것뿐만 아니라 카이스트(KAIST)의 초빙 교수가 된 가수 지드래곤의 모습을 AI로 창출해 내기도 했다. 카이스트 수업 종료 후 대전역에서 성심당 빵을 포장해 가는 지드래곤의 모습은 보는 이들의 웃음을 자아낼 수밖에 없었다. 이 라이언 오슬링 크리에이터는 2024년 4월에도 국민 판다곰으로 사랑받던 푸바오가 중국으로 반환되기 전 강철원 사육사의 손을 잡고 유채꽃 길을 걷는 가상의 이미지를 창출한 바 있는데, 이는 AI가 연출할 수 있는 최상의 이미지였다고 평가된다. AI 인공지능이 이미지 영상 창출을 통해 인간에게 선사해 줄 수 있는 긍정적 기능의 산실이라고 말할 수 있다. AI 영상 기술이 빠르게 발전함에 따라 점점 더 영상 기술이 향상되고 있는데, 2024년 디지털 아티스트 엘리엇 쿼츠(Elliot Quartz)가 창출한 『권력자들의 패션쇼(Runway of Power)』라는 영상은 세계의 이목을 끌었다. 미국 대통령뿐만 아니라 프란치스코 교황까지 명품 옷을 입고 런웨이를 걷는 모습의 영상은 많은 이들에게 찬사를 받았다. 1년 전 데몬플라잉폭스가 연출한 영상보다 훨씬 진일보한 영상 기술이라고 평가받은 것이다(국민일보, 2024.7.27).

가짜 뉴스

그런데 인공지능이 영상 기술을 향상시키고 있는 것은 바람직하지만, 고도의 영상 기술이 뜻하지 않게 가짜 뉴스를 생산하기도 한다. 2024년 9월 미국 남동부를 강타한 허리케인 '헐린'이 200명 넘는 사상자를 발생시킨 적이 있는데, 당시 수해의 참상을 전해 주던 소녀의 사진이 인공지능으로 생성된 가짜 이미지였던 것이다. 그 사진에서 비에 젖은 소녀는 눈물을 글썽이는 표정에 머리카락은 헝클어져 있었고, 한 손에는 비에 젖은 강아지를 끌어안고 있었다. 누가 봐도 허리케인으로 인한 피해자의 처절한 모습이었다. 그런데 이 사진이 가짜 이미지로 밝혀지면서 세계의 사람들이 충격에 휩싸였다. 사진은 너무나 리얼했고 동정심을 유발하기에 충분했는데, 생성형 AI로 만들어 낸 가짜 이미지였던 것이다. 여기에 문제가 있다. 시사뉴스에 사용되는 사진은 생성형 AI로 만들어 내서는 안 된다는 것이다. 이것은 이미지 창출의 한계를 넘어서서 윤리적으로 큰 문제를 일으킬 수 있기 때문이다. 생성된 가짜 이미지로 어찌 시급한 뉴스를 전할 수 있단 말인가? 소셜 미디어를 통해 빠르게 전파되었던 소녀의 서럽게 우는 모습은 전 세계 사람들의 마음을 울렸다가 허탈하게 만들었다. 미국의 경제 전문지 《포브스(Forbes)》는, "재난을 묘사하는 조작 이미지는 재난 대응 능력을 복잡하게 만들고 위기 상황에서 대중의 신뢰를 약화할 수 있다"고 강조하면서, "가짜 이미지에 반복 노출되면 정작 실제 상황에서는 '재난 피로감'을 느낄 수 있다. 또 구호 활동에 자금을 지원하는 사람들을 속이는 데 악용될 수 있다"고 질타했다(조선일보, 2024.10.8).

AI 모델 광고

우리나라 주류 업체 가운데 금복주가 업계 최초로 AI 모델이 출연하는 소주 광고를 제작했다. 과당 제로 제품인 '제로 투(ZERO 2)' 소주 광고에서 '로미'라고 하는 AI 모델을 기용했는데, 제로의 '로'와 아름다울 '미'를 조합해 지은 이름이다. 모델 로미는 본업에 충실하면서도 사교적이고 매사에 적극적이며, 자유롭고 활동적인 성격으로 사람들에게 거부감 없이 다가가는 캐릭터의 이미지를 창출하기 위해 만들어졌다. AI를 통해 가상 인간을 모델로 사용한 경우는 금복주 말고도 또 있다. '로지'라고 하는 가상 인간 모델이 2021년 신한라이프 광고에 출연한 바가 있는데, 이때는 처음 있는 일이라서 미디어의 많은 주목을 받은 것이 사실이다. 그 후 2022년에는 한국관광공사가 가상 인간 모델 '여리지'를 홍보대사로 선정한 바가 있는데, 이때도 미디어의 많은 관심을 끌었다(조선일보, 2024.6.29). 앞으로도 AI로 만들어진 가상 인간 모델들이 많이 등장할 것으로 예상된다.

여기까지는 AI를 통한 이미지 창출의 영역으로 보는데 무리가 없을 것 같다. 하지만 이미지 창출의 경계선을 넘어 이미지 조작의 영역으로 들어가는 광고들도 있다. 모 벤처기업에서 자사 제품을 소개하면서 나문희 배우의 초상을 사용해 전혀 다른 나문희 배우의 이미지를 창출한 바가 있다. 검은 선글라스를 낀 나문희 배우가 검은 점퍼를 입은 채로 소총을 앞에 들고 서 있는 이미지인데, 특이한 점은 하얀 머리카락과 함께 노란 새를 머리에 이고 있는 모습이다. 광고 제작진에 따르면 나문희 배우를 집을 지키는 수호신의 이미지로 창출하기 위해 이런 엉뚱한 이미지를 만들었다. 하지만 광고라 하더라도 현실과 너무 동떨어진 이미지를 창출하다 보면 이런 것은 이미지 조작의 범주에 속한다고 평가된다. 즉 이미지 창출과 이미지 조작의 경계선에 서 있는 것이다. 실제로 나문희 배우는 아무런 촬영이나 녹음을 하지 않았으며, 전문 영상 기술 업체가 배우의 목소리와 사진 영상 데이터를 기반으로 해서 인공지능 인간 나문희를 창출한 것이다(조선일보, 2024.7.24). 그런데 이런 경우는 창출의 경계를 넘은 이미지 조작의 단계라고 봐야 한다. AI가 영상 기술 측면에서 해낼 수 있는 최대한의 영역을 구축하되 광고 모델의 이미지를 AI로만 구축한다는 시도는 별로 바람직해 보이지 않는다. AI는 뛰어난 영상 기술의 바탕이 된다. AI가 만능으로 할 수 있는 영역을 열었다는 점에서는 긍정할 수 있겠지만, 현실과 너무 동떨어진 이미지 창출은 창조의 영역을 넘어서 조작의 영역으로 들어간다. AI와 영상의 결합은, 현재 창조와 조작의 경계선상에 서 있다.

참고문헌

국민일보(2024.8.4). 독립 영웅에게 일상을 선물했다… 아이디어 만난 AI, https://www.kmib.co.kr/article/view.asp?arcid=0020381092

조선일보(2024.6.29). 톱스타만 한다는 소주 모델… 당당히 꿰찬 그녀

누구?,
https://www.chosun.com/culture-life/culture_general/2024/06/29/XUX3IVEHMJCYVFFDLQCDHZOYXU/

조선일보(2024.7.24). 나문희 없는 나문희 광고 AI로 모습·목소리 구현,
https://www.chosun.com/economy/tech_it/2024/07/24/IWTKSFDFYNBCJEJGOFS2L72PFM/

조선일보(2024.10.8). 허리케인 공포에 강아지 안고 '덜덜'… 서럽게 울던 소녀의 진실,
https://www.chosun.com/international/international_general/2024/10/08/CN2IDTSK6JCNVO7UH6FQITKT7M/

OHFUN Discuss(2023.4.17). 해외에서 유행 중인 미칠듯한 하이패션 밈 '발렌시아가',
https://www.ohfun.net/?ac=article_view&entry_id=29204

03

이미지 조작과 딥페이크

딥페이크 기술은 영상 이미지를 다양하게 변화시킴으로써 영상의 혁명을 일으키고 있지만, 이런 기술이 장난이나 범죄에 많이 이용된다면 문제가 아닐 수 없다.

인공지능과 편향?

딥페이크

컴퓨터 기술과 AI가 하나로 접목된 기술의 눈부신 발전은 우리 인간 사회에 빛과 어둠을 동시에 가져다주고 있다. 그중 하나가 바로 '딥페이크(Deepfake)' 기술이다. 사람의 판단력을 흐리고 사람의 눈을 속이는 아주 정교한 합성 기술을 딥페이크라고 부르는데, 인공지능 심층학습 기술의 하나인 '딥러닝(Deep Learning)'에서의 '딥(deep)'과 '가짜'를 의미하는 '페이크(fake)'라는 단어의 합성어다. 인공지능 기술을 이용해서 만들어졌지만 진위를 구별하기 어려운 가짜 이미지나 영상물을 뜻하는 이 단어가 등장한 시기는 대략 2017년경으로, 미국 온라인 커뮤니티인 레딧(Reddit)에서 'Deepfakes'라는 아이디를 가진 회원이 유명 배우의 얼굴로 조작된 가짜 음란 동영상을 올리기 시작하면서부터 사용되기 시작한 것으로 알려진다. 온라인에 존재하는 딥페이크 영상의 96% 이상이 불법 음란 동영상이라고 말할 수 있을 정도로 그리 바람직하지 않은 용어이기도 하다(국가과학기술연구회, 2023).

과학 기술의 진화 덕분에 인류 문명의 수준이 향상되는 것은 바람직하지만, 기술의 진보로 인해 우리가 보는 영상이 진짜인지 가짜인지를 구별하기가 점점 어려워진다는 사실은 그리 반갑지 않은 것이 사실이다. 딥페이크는 적대 관계 생성 신경망(GAN, Generative Adversarial Network)이라는 머신 러닝(Machine Learning) 기술을 이용하는 것으로 알려져 있다. 예를 들어 위조지폐를 만들어 내는 위조지폐범을 제너레이터(Generator), 즉 '생성자'라고 부르고, 위조지폐를 감별하는 경찰을 디스크리미네이터(Discriminator), 즉 '구분자'라고 부른다고 가정해 보자. 위조지폐범은 경찰을 속이기 위해서 더욱 진짜 같은 위조지폐를 만들어 낼 것이고, 경찰은 위조지폐를 어떻게든 찾아내기 위해 감별하는 과정과 기술을 반복적으로 발전시킬 것이고, 이럴 때 양측의 능력과 기술이 모두 발전하게 된다. 이런 과정이 계속 반복될수록 진짜 지폐와 위조지폐를 구별할 수 없을 정도로 기술이 발전하는 것이 GAN의 원리라 할 수 있다. 인공지능끼리 서로 누가 더 똑똑한지를 겨루게 함으로써 더 나은 쪽으로 성능을 개선하는 원리라 말할 수 있다. 이것을 딥페이크 방식에 적용하면, A라는 인물이 등장하고 있는 동영상에 B의 사진이나 이미지를 합성하도록 프로그램을 돌리면 원본 동영상인지 아니면 조작된 가짜 동영상인지 쉽게 구분할 수 없는 영상이 만들어지는 것이다(국가과학기술연구회, 2023).

최근에 일어나는 이미지 조작과 관련된 사건들은 대부분 딥페이크 기술 때문에 일어나는 사건들이다. 원래 딥페이크 기술은 나쁜 목적에서 만들어진 기술이 아니라 영상 업계에서 개발한 기술이다. 영화에서 다양한 인간의 모습을 구현하고 제작비를 절감하는 차원에서 개발된 기술이다. 예를 들어 넷플릭스에서 개봉된 영화 〈아이리시맨(Irishman)〉에 등장한 알 파치노(Alfredo Pacino)와 로버트 드 니로(Robert De Niro)는 실제 나이가 85세와 82세이지만 30대부터 70대까지의 다양한 연령대를 소화하며 연기할 수 있었는데, 이는 배우들이 분장을 잘해서 그런 것이 아니라 AI를 활용한 디에이징 기술(De-Aging Technology) 때문이다. 디에이징 영상 기술은 배우들의 얼굴 주름이 펴지게 만들고 늙은 배우의 얼굴을 청년의 모습으로 변화시킬 수 있는 기술이다. 영상 기술 측면에서 볼 때 매우 필요한 기술이며 비용 절감 면에서도 매우 적합한 영상 기술이다.

딥페이크 기술은 영상 이미지를 다양하게 변화시킴으로써 영상의 혁명을 일으키고 있지만, 이런 기술이 장난이나 범죄에 많이 이용된다면 문제가 아닐 수 없다. 예를 들어, 2024년 10월 31일 유튜브 채널 〈화성인 릴도지〉는 'APT'라는 제목의 2분 50초짜리 영상을 공개한 바 있는

데, 등장인물은 북한의 김여정과 김정은 위원장이었다. 이들이 전자기타를 치면서 부르는 노래는 블랙핑크의 로제와 미국의 팝스타 브루노 마스가 듀엣으로 부른 노래 'APT'였다. 물론 제목을 '로케트'로 바꾸어 패러디해서 불렀지만, 이런 장난 같은 영상은 수용자들에게 큰 혼란을 일으킬 수 있다. 자칫 사리분별이 어려운 어린이들이 볼 경우에는 김정은 위원장과 김여정을 친숙하게 느낄 수도 있는 것이다. 재미와 장난으로 만든 영상이 엉뚱한 결과를 가져온다면 수용자들이 입을 피해는 크다고 하겠다. 이 영상은 400만 조회 수를 넘기며 한때 인기를 끌었지만, 단순히 유쾌한 영상으로 치부하기엔 문제가 많은 이미지 조작의 극치다(동아일보, 2024.11.7).

딥페이크와 범죄

이미지 조작의 정점에는 범죄가 도사리고 있다. 이미지를 딥페이크해서 발생하는 신종 사기 사건들도 계속 발생 중이다. 2024년만 하더라도 여러 건의 사기 사건이 발생했는데, 홍콩에서는 어느 다국적기업의 직원이 거액을 송금하라는 자사 최고재무책임자(CFO)의 이메일을 받고 그대로 약 334억 원의 거금을 송금해 버리고 말았는데, 이는 보이스피싱 일당이 만든 딥페이크 영상 때문이었다. 자사의 상관의 얼굴이 나오는 영상을 보고서는 의심을 하지 못하고 거액을 송금한 것인데, 딥페이크 영상 기술이 얼마나 쉽게 범죄에 이용될 수 있는지를 보여 주는 단적인 예다. 또한 홍콩 어느 범죄 조직은 로맨스 스캠(Romance Scam) 사기로 경찰에 체포되기도 했는데, 딥페이크 기술로 남자의 얼굴을 미남으로 만든 후 여성들에게 접근해 630억 원을 편취한 것이었다(동아일보, 2024.11.8).

우리나라에서는 이런 일이 있었다. 어느 날 중국인 A씨에게 딸의 영상이 담긴 문자메시지가 전달되었는데, 그 영상 속에서는 딸이 손발을 테이프로 묶인 채 울며 소리지르고 있었다. 살려 달라는 딸의 목소리를 듣자 정신이 없었던 중국인은 범인들이 요구한 8억 원을 송금하려고 하다가 제주에 있는 중국 영사관에 도움을 신청했다. 제주 경찰청이 출동하여 딸을 찾아본 결과 그 딸은 제주에서 관광을 잘 즐기고 있었다. 범인들은 딥페이크 영상 기술을 통해 딸의 울부짖는 모습을 만들고 목소리까지 똑같이 만들 수 있었던 것이다. 이렇듯 AI를 이용한 딥페이크 기술은 범죄를 매우 쉽게 만들어 준다(동아일보, 2024.11.8).

딥페이크와 함께 딥보이스(DeepVoice)라는 기술도 있다. 이 기술은 음성 합성 기술인데, 사람의 목소리를 똑같이 재현해 낸다. 2024년 5월 경기도 남양주에 사는 30대 남성은 막내 동생의 전화를 받고 6000만 원을 송금해 주었는데, 이는 딥보이스 기술을 이용한 보이스피싱 조직의 범죄였다(동아일보, 2024.11.8).

딥페이크 기술이 일으키는 이미지 조작의 가장 큰 문제는 성범죄다. 우리나라는 이미 불법 촬영의 나라에서 딥페이크의 나라가 되어 가는 것 같다. 프랑스 신문《르 몽드(Le Monde)》는 세계적 팝가수 테일러 스위프트의 얼굴을 합성한 음란물이 전 세계에 퍼진 사건을 전하면서, "딥페이크를 활용한 성범죄는 한국에서 수년 전부터 문제였으며 이미 일상적인 일이 됐다"고 보도한 바 있다. 프랑스 신문이 지적한 것처럼, 국내에서 딥페이크를 활용한 불법 합성물 성범죄가 급증하고 있다. 지인이나 유명인 얼굴과 성적인 영상물을 합성해 유포하는 이른바 '지인 능욕' 범죄가 대표적이다. 심각한 디지털 성범죄임에도 솜방망이 처벌에 머문다는 지적에 따라 2020년 6월「성폭력범죄의 처벌 등에 관한 특례법(성폭력처벌법)」개정으로 불법 합성물 제작과 유포에 대한 처벌이 강화되었다. 경찰청 국가수사본부는 "불법 합성물 범죄가 2021년 156건, 2022년 160건, 2023년 180건 발생했다"고 밝혔다(한겨레, 2024.3.20).

현재 얼굴 사진과 영상 및 음성들이 SNS에 많이 올라와 있는데, 딥페이크 기술만 사용하면 이 이미지들이 악용될 소지가 많다. 특히 인스타그램에 올라와 있는 사진들은 도용과 범죄의 타깃이 될 수 있다. 딥페이크 기술은 완성된 결과물이 매우 정교한 것으로 알려져 있다. 이미지 조작의 대명사가 된 딥페이크 기술이 일으키는 조작의 수준이 매우 높아서 육안으로 식별하기 어려울 뿐만 아니라 전문가들도 잘 구별해 내지 못하는 실정이다. 사기와 공갈 및 성범죄의 이미지 조작에 악용될 소지가 높은 딥페이크 기술을 어떻게든 통제할 수 있는 방법을 찾지 않는 한, AI 이미지 조작에 의한 혼란은 인간 세상을 어지럽힐 것이다.

참고문헌

국가과학기술연구회(2023.9.15). 딥페이크, AI의 빛과 그림자, https://blog.naver.com/nststory2014/223212247157

동아일보(2024.11.7). [사진기자의 사談진談/송은석]딥페이크, 놀이와 범죄 사이, https://www.donga.com/news/Opinion/article/all/20241106/130377485/2,

동아일보(2024.11.8). "딸 납치" 영상 만들어 협박… '딥페이크' 신종 사기 등장,

https://www.donga.com/news/Society/article/all/20241107/130386251/2
한겨레(2024.3.20). 멜로니 이탈리아 총리, 딥페이크 범죄물 유포한 부자에 손배소,
https://www.hani.co.kr/arti/international/international_general/1133051.html

04
이미지 생성 AI 미드저니와 문제점

미드저니는 특히 그래픽을 전문으로 하는 디자이너들에게 인기 있는 소프트웨어로, 환상적이고 몽환적인 그래픽과 이미지를 연출하는 데 탁월한 능력을 보인다. 하지만 미드저니가 이미지를 창출하는 데 탁월한 만큼 이미지 조작에도 얼마든지 쓰일 수 있다는 점을 간과해선 안 된다.

청각장애인과 AI?

미드저니

미드저니(Midjourney)는 AI를 통해 이미지를 그래픽으로 생성하는 플랫폼을 말한다. AI를 통해 이미지를 생성하는 플랫폼에는 오픈AI의 달리(DALL · E)와 마이크로소프트의 빙 이미지 크리에이터(Bing Image Creator), 미드저니, 그리고 스테이블 디퓨전(Stable Diffusion) 등이 있다. 그중에서도 2022년에 출시된 미드저니는 텍스트 프롬프트(Text Prompt)만으로도 놀라울 정도로 정교하고 아름다운 이미지를 만들어 내는 서비스다.

원래 미드저니는 텍스트를 제시하면 디지털 이미지를 생성하는 프로그램을 개발하는 연구소로 시작했다. 미드저니는 이 연구소에서 개발하는 인공지능형 이미지 생성 모델을 의미하기도 한다. 미드저니는 립모션의 창립자인 데이비드 홀츠가 주도하며, 설립 당시 직원 수도 약 11명으로 그렇게 많지 않았다. 2022년 2월 버전 1이 공개되었고, 현재는 버전 7이 서비스되고 있다. 사용자가 텍스트를 제시하면, 딥러닝 방식으로 학습된 다량의 이미지 데이터를 바탕으로 제시된 텍스트에 대응하는 디지털 이미지를 생성한다.

디스코드(Discord) 플랫폼을 통해 제공되는 이 도구는 전 세계적으로 큰 주목을 받고 있는데, 미드저니의 가장 큰 특징은 바로 예술적 감각과 창의성에 있다. 미드저니는 특히 그래픽을 전문으로 하는 디자이너들에게 인기 있는 소프트웨어로 환상적이고 몽환적인 그래픽과 이미지를 연출하는 데 탁월한 능력을 보인다. 하지만 미드저니가 이미지를 창출하는 데 탁월한 만큼 이미지 조작에도 얼마든지 쓰일 수 있다는 점을 간과해선 안 된다.

미드저니의 문제점

AI 기술을 통해 그림을 그리는 도구들이 많이 나오고 있지만 미드저니는 특히 사람 얼굴을 그리는 데 탁월하다. 미드저니는 복잡한 과정을 거쳐 매우 깔끔한 이미지를 만들 수 있는 딥러닝 기술을 사용함으로써 이미지의 퀄리티가 매우 높은 것으로 평가된다. 따라서 일반 디자인업이나 광고 업계에 종사하는 사람들이 많이 사용하는 것으로 알려져 있다. 사용자가 텍스트 프롬프트에 입력한 명령어에 따라 매우 정교한 이미지를 수십 초 안에 만들어 낼 수 있는 기능이 있는 미드저니가 현재 많이 쓰이고 있는데, 여기에 도사리고 있는 문제는 첫째로 이미지 사용에 저작권 문제가 있을 수 있다는 점이다. 기존 이미지를 가지고 새로운 이미지를 창출해 내는 작업이기 때문에 다른 사람의 이미지나 인스타그램 같은 SNS에 떠 있는 이미지들이 얼마든지 도용될 수 있다. 둘째는, 미드저니가 창출해 내는 이미지가 AI에 의해 무단 차용되고 조작된 것이라는 점이다. 실제의 이미지는 아니기 때문에 이 이미지를 창조의 영역으로 보아야 할지, 조작의 영역으로 봐야 할지에 대한 문제가 야기된다. 하지만 필자는 창조의 영역보다는 조작의 영역에 더 가깝다는 견해를 갖고 있다. 왜냐하면 텍스트만으로 명령을 이해한 AI가 여러 이미지들을 조합해서 사용자가 원하는 이미지를 만들어 내지만, 그렇게 생성된 이미지가 실제의 이미지는 아닌 것이다. 미드저니가 창출해 낸 이미지가 사진은 물론 아니며, 사람이 직접 그린 이미지도 아닌데, 이런 이미지를 창조의 영역에 두는 것이 합당하다고 말할 수 있을까 하는 의문이 드는 것이다.

현재로선 저작권 문제가 심각하다. 2025년 6월, 유명 애니메이션 · 영화 제작사인 디즈니(Disney)와 유니버설 픽처스(Universal Pictures)가 이미지 생성 인공지능 미드저니를 상대로 소송을 제기했다. 미드저니가 자신들의 저작물을 표절한 이미지를 제공하고 있다는 이유다. AP통신은 "디즈니와 유니버설이 미드저니를 상대로 로스앤젤레스 연방지방법원에 저작권 침해 소송을 제기했다"고 전했다. 두 제작사는 미드저니가 영화 〈스타워

즈(Star Wars)〉의 다스베이더(Darth Vader), 디즈니 애니메이션 〈겨울왕국(Frozen)〉의 엘사(Elsa), 〈미니언즈(Minions)〉의 캐릭터 미니언(Minion) 등을 자사의 허락 없이 무단 복제했다고 보고 있다. 또한 디즈니와 유니버설 픽처스 외에 드림웍스의 슈렉(Shrek), 그라시 필름의 심슨 가족(The Simpsons) 등 다른 제작사에서 제작한 캐릭터들도 포함된 것으로 알려졌다. 디즈니와 유니버설은 소장에서 미드저니를 "전형적인 저작권 무임승차자"와 "표절의 끝없는 구덩이"라고 비판했다. "미드저니가 영화, TV, 그리고 기타 창작 예술에서 미국이 리더십을 유지하게 해 주는 미국 저작권법의 근간을 위협한다"고도 목소리를 높였다. 두 제작사는 "소송 제기에 앞서 미드저니에 저작권 침해를 중단하라고 요청했지만 미드저니가 이를 무시했다"고도 언급했다. 전문가들은 이번 소송이 미드저니에 불리할 것으로 내다봤다. 시러큐스대 법학과 수바 고시 교수는 영국 BBC 방송에서 "미드저니가 생성하는 이미지 중 상당수는 저작권이 있는 캐릭터를 단지 새로운 장소나 배경에 배치한 복사본처럼 보인다"며, "창의적이거나 상상력을 바탕으로 변형됐다고 보기엔 무리가 있다"고 평가했다(한국일보, 2025.6.12). 디즈니의 호라시오 구티에레스 법무 책임자는 "AI가 인간 창의성을 증진하는 책임 있는 도구가 될 수 있다는 점에서는 낙관적이지만, 표절은 AI 사업이라 해도 예외가 아니다"라고 밝혔다. 이번 소송은 AI 기술을 둘러싼 엔터테인먼트 업계의 복합적인 태도와 양상을 보여 준다. 업계는 AI의 창작 보조 가능성에는 기대하면서도 자사의 지식재산권이 무단 도용되는 데는 강경한 입장을 취하고 있다(지디넷코리아, 2025.6.13). 미드저니가 이미 폭력성 이미지와 여성의 나체 등의 이미지를 차단하는 기술적 조치를 취한 것은 사실로 드러났다. 하지만 저작권 보호가 필요한 캐릭터 또한 같은 방식으로 차단할 수 있음에도 아무런 조치를 취하지 않았던 것으로 보인다. NBC 유니버설의 법률 고문 킴 해리스는 "이 소송은 우리에게 즐거움과 영감을 주는 모든 예술가의 노고와 콘텐츠에 대한 우리의 상당한 투자를 보호하기 위해서"라고 말하며 저작권을 위협하는 AI 관련 기업의 관행을 꼬집었다(매일경제, 2025.6.12). 디즈니는 CNN 방송에 보낸 성명을 통해 "AI 기술은 창작을 보완하는 도구가 될 수 있다"면서도 "그러나 AI가 만들었다고 해서 저작권 침해가 정당화되는 것은 아니다"라고 강조했다. 예전에 미드저니의 CEO 데이비드 홀츠는, "AI가 인간처럼 배우는 과정을 통해서 이미지를 생성하는 것을 정당화했다"

고 하면서 "이미지가 다르게 나온다면 문제가 되지 않는다"고 주장한 바 있다. 하지만 미드저니가 다른 이미지 생성 AI들과는 다르게 사용자들의 프롬프트에 제한을 두지 않았기 때문에, 이는 명백한 '저작권 프리 라이딩(Free Riding)'에 해당한다고 주장하는 AI 전문가들도 있다(Tokenpost, 2025.6.12). 미드저니에 의해서 생성된 이미지가 기존 지식재산권을 갖고 있는 캐릭터나 이미지와 흡사하다면, 비록 동일한 캐릭터나 동일 이미지가 아닐지라도 법적 규제를 받게 될 것이라는 것이 필자의 소신이다.

참고문헌

동아일보(2025.6.12). "지브리는?"…디즈니·유니버셜, AI 이미지 기업 상대 첫 소송, https://www.donga.com/news/article/all/20250612/131793964/1

매일경제(2025.6.12). "요다·스파이더맨 카피 더는 안돼"…디즈니, '미드저니'에 저작권 침해 소송, https://www.mk.co.kr/news/world/11340915

지디넷코리아(2025.6.12). 디즈니·유니버설, 'AI 표절'에 칼 빼들었다…미드저니에 IP 침해 소송, https://zdnet.co.kr/view/?no=20250613143935

한국일보(2025.6.12). "엘사·미니언 복제했다"… 디즈니·유니버셜, AI 미드저니 고소,

https://www.hankookilbo.com/News/Read/A2025061209
300001647
Tokenpost(2025.6.12). 디즈니·NBC, 미드저니에 저작권 소송… AI 이미지 학습에 '빨간불',
https://www.tokenpost.kr/news/ai/256927

05
이미지 조작 사례 1: 도널드 트럼프와 버락 오바마

앞으로 정치 지도자들이 경쟁 상대를 비하하기 위해 AI 영상을 계속 사용한다면 대단히 문제가 될 것이고, AI 영상을 통한 이미지 조작은 심각한 문제를 야기할 것이다. 이 부분만큼은 법적 제재가 필요할 수도 있다.

AI 콘텐츠 크리에이터?

일론 머스크의 패션쇼

2024년 미국 테슬라 CEO 일론 머스크는 자신이 운영하는 X(엑스, 옛 트위터)에 1분 20여 초 분량의 AI 패션쇼 영상을 올려서 센세이션을 일으킨 바 있다. 이 영상에서는 세계의 각국 지도자 등 세계적인 인물들이 패션쇼 런웨이를 걷는 장면이 나오는데, 그중에는 미국의 트럼프, 러시아의 푸틴, 북한의 김정은의 모습도 있었다. 이 영상은 업로드된 지 며칠 만에 1억2000만 건의 조회 수를 기록했다(조선일보, 2024.7.23). 물론 머스크는 자신의 SNS인 X를 홍보하기 위해 이런 특이하고 재밌는 영상을 올렸을 수 있지만, 우리들이 보기엔 AI를 통해서 얼마든지 이미지가 조작될 수 있다는 우려를 하지 않을 수 없다. 이 영상에서 푸틴은 루이뷔통 로고가 선명하게 인쇄된 원피스를 걸치고 있고, 김정은은 힙합 전사의 모습이었기에 경우에 따라선 세계 지도자들을 희화화하는 것은 물론이고 더 나아가선 그들에 대한 친밀한 이미지를 심어 줄 수도 있기 때문이다. 세계의 정치 지도자들은 각국의 정치 관련 뉴스를 통해서 세계의 시민들에게 이미지를 전파한다. 하지만 이렇게 AI를 통해 의도적으로 만들어진 영상들은 잘못된, 즉 조작된 이미지를 전달할 수 있다. 이 영상을 보면 김정은을 귀여운 이웃 동네 청년으로 생각할 수 있으며, 푸틴도 전쟁을 일으킨 정치 지도자가 아니라 편안한 이웃집 아저씨 같다고 여길 수 있다. 이것이 과연 바람직한 현상인가?

트럼프와 오바마

물론 AI로 생성해 내는 비현실적인 영상들이 긍정적인 측면들이 전혀 없지는 않다. 린 대학교의 앤드루 번스타인 교수는 "이 AI 쇼는 정치, 기술, 유명인 문화의 초현실적 교차점이자 풍자, 기술, 문화 비평을 혼합한 광경"이라고 주장하면서, "오늘날 우리는 AI와 첨단 기술의 관점에서 패션에 대한 새로운 해석을 보고 있다"고 설명한다. 한편 AI 스튜디오 '카피랩'의 크리에이티브 디렉터 칼 악셀 발스트룀은 "생성적 AI가 어떻게 유쾌하고 창의적인 방식으로 사용될 수 있는지에 대한 아름다운 예"라고 긍정적 평가를 내리고 있다. 이 두 사람의 의견에 일견 동의하는 바이지만, 이 영상에 포함된 인물들이 세계의 정치 지도자라는 점은 우려할 만한 측면이 있다. 정치 지도자들의 정치적인 이미지가 AI 영상에 의해서 희화화되고 조작될 가능성이 있을까? 필자는 충분히 있다고 판단한다. 이 영상에서 빌 게이츠는 'PC에 문제가 생겨 다시 시작해야 한다'는 문구가 적힌 모니터를 들고 있는 모습이었는데, 이것은 머스크의 경쟁자인 빌 게이츠의 이미지에 타격을 주는 영상이다. 또한 오바마 전 미국 대통령은 가장 다양한 복장을 소화했는데, 일본 사무라이, 로마 전사, 미국 프로농구(NBA) 시카고 불스 선수 등 열 가지가 넘는 복장을 입고 런웨이를 걸었다. 오바마 대통령에게만 다양한 복장을 입힌 이유는 오바마 대통령에 대한 머스크의 개인적 선호도 때문인 것으로 판단된다.

'뭐 장난 같은 영상에 큰 의미를 부여할 필요가 있겠는가'라고 생각하는 사람들이 있을지 모르지만, 2025년 7월 트럼프 대통령이, 백악관 접견실에서 FBI에 체포되는 오바마 전 대통령의 영상을 올린 사건은 사안의 중대성을 표현해 주고 있다. 성범죄를 저지른 억만장자 제프리 엡스타인 문제로 곤경에 처한 도널드 트럼프 미국 대통령이 민주당 출신 버락 오바마 전 대통령을 폭언에 가까운 표현으로 공격하며 '국면 전환'을 시도한 것이다. 트럼프 대통령은 2025년 7월 22일 백악관에서 열린 페르디난드 마르코스 필리핀 대통령과의 정상회담에서 기자들의 엡스타인 관련 질문에 답하면서 돌연 오바마 전 대통령을 거론했다. 트럼프 대통령은 "갱단의 두목은 오바마 전 대통령"이라며 "그는 유죄이며, 이것은 반역죄"라고 말했다. 그는 또 "오바마는 쿠데타를 주도했다"라고까지 말했다(문화일보, 2025.7.23). 이어 트럼프가 오바마가 체포되는 가짜 영상을 올렸다. 인공지능으로 생성된 이 짤막한 동영상은 틱톡에서 먼저 공개된 후, 트럼프가 운영하는 트루스 소셜(Truth Social)에 등장했다. 이 영상은 2016년 11월 백악관 집무실에서 실제 있었던 회의를 조작한 것으로 보인다. 오바마 당시 대통령이 트럼프 대통령 당선자를 만나는 장면을 조작해 오바마가 FBI에 체포되는 장면으로 둔갑시킨 것이다.

이 영상은 오바마 전 대통령과 조 바이든 전 대통령 등 민주당 지도자들이 "법 위에 있는 사람은 없다"라고 말하는 실제 영상으로 시작한다. FBI 요원들이 집무실에 난입해 오바마 전 대통령을 무릎을 꿇린 뒤 수갑을 채우는 장면이 이어지고 트럼프 전 대통령은 옆에서 웃으며 지켜보고, 배경음으로 빌리지 피플의 노래 〈Y.M.C.A.〉가 나온다. 이어 오바마 전 대통령이 주황색 죄수복을 입고 감방에서 서성이는 모습이 등장한다. 이 사건은 이미지 조작의 대표적 사례가 될 것으로 판단된다.

위의 사례처럼 트럼프 대통령은 민주당 대통령이었던 오바마 대통령을 항상 경쟁자 혹은 적으로 판단한 것 같다. 앞으로 정치 지도자들이 경쟁 상대를 비하하기 위해

AI 영상을 계속 사용한다면 대단히 문제가 될 것이고, AI 영상을 통한 이미지 조작은 심각한 문제를 야기할 것이다. 이 부분만큼은 법적 제재가 필요할 수도 있다. 트럼프 대통령은 경쟁자였던 오바마를 항상 견제하고 비하하려고 노력했던바 이번에는 가짜 영상으로 오바마의 이미지를 심각하게 실추시키려고 했던 것으로 보인다. AI가 이미지 조작의 주범이 되어서야 되겠는가?

참고문헌

문화일보(2024.7.22). 트럼프, 오바마 체포 가짜 영상 또 공유…"엡스타인 관심 돌리려?", https://www.munhwa.com/article/11520526

문화일보(2024.7.23). "오바마, 쿠데타 주도" 위기의 트럼프, '가짜 AI 영상'으로 공격(영상), https://www.munhwa.com/article/11520793

조선일보(2024.7.23). 힙합 전사 김정은, 루이뷔통 푸틴... 머스크가 올린 1억만뷰 AI 영상, https://www.chosun.com/international/international_general/2024/07/23/5PCO56Q6WZDPXCWCQLFZCRCXM4/

06

이미지 조작 사례 2: 디지털 성범죄와 이미지 도용

경찰은 AI 연관 범죄를 분야별로 따로 대응해 왔다. 현장에서 발견되는 범죄자의 발자국인 족적흔을 채취해 추적에 나서는 역할은 과학수사과가, 딥페이크 등을 판별하는 기술은 사이버범죄수사과가 담당하는 식이다. 이 때문에 AI 범죄와 관련해 일관적인 정책 대응이 어렵다는 지적이 경찰 내에서 계속 나왔다. 하지만 무엇보다도 성범죄와 관련한 태스크포스 팀이 무엇보다도 시급하다는 판단이다.

AI와 민주주의?

딥페이크 성범죄

딥페이크(Deepfake) 성범죄 제작물에 등장하는 피해자의 국적을 조사한 결과, 한국이 가장 많은 비율을 차지하는 것으로 나타났다. 2023년 해외 보안 서비스 업체인 시큐리티 히어로(Security Hero)는 상위 10개 딥페이크 포르노 웹사이트와 유튜브 등에 있는 85개 딥페이크 채널을 분석한 결과를 토대로 '2023 딥페이크 현황' 보고서를 발표했다. 이 보고서에 따르면 딥페이크 성착취물에 등장한 인물의 53%가 한국인이었으며, 2위는 미국인으로 20%, 3위는 일본인으로 10%를 차지했다(문화일보, 2024.8.30). 한국에서만 딥페이크가 강력하게 유행한다고 보기에는 무리가 있고, 한류 확산의 영향으로 인해 우리 여성 아이돌 그룹의 이미지가 도용되고 있는 것이 그 원인 중 하나일 것으로 판단한다. 우리 아이돌 그룹의 뮤직 비디오가 유튜브 방송에서 유행하다 보니 딥러닝 기술에 의해 아이돌 여성의 얼굴과 이미지들이 무단 도용되고 있으며, 포르노 영상이나 성착취 영상물에 이미지 합성 기술을 통한 이미지 조작이 빈번하게 일어나고 있다고 판단해야 한다.

딥페이크 성착취 영상물 수가 매해 증가하고 있다는 점도 주목해야 한다. 2022년 제작된 딥페이크 성착취 영상은 3,725개에 불과했지만 2023년에는 2만 1000개로 464% 증가했다. 2023년 기준 온라인에서 9만 5820개 딥페이크 영상이 확인되었고 이 중 98%는 딥페이크 성착취물인 것으로 드러났다. 2024년과 2025년에도 딥러닝 방식에 의해서 이미지 도용과 조작이 일어나고 있다고 보인다.

국내의 경우만 하더라도, 교육부가 발표한 자료에 따르면 2024년 1월 1일부터 9월 6일까지 딥페이크 성범죄 피해자는 총 617명으로, 학생 588명, 교원 27명, 직원 등이 2명 피해를 입은 것으로 조사되었다. 국내에서 딥페이크를 활용한 불법 합성물 성범죄가 급증하고 있는데, 지인이나 유명인 얼굴과 성적인 영상물을 합성해 유포하는 이른바 '지인 능욕' 범죄가 대표적이다. 심각한 디지털 성범죄임에도 솜방망이 처벌에 머문다는 지적에 따라 2020년 6월 「성폭력범죄의 처벌 등에 관한 특례법(성폭력처벌법)」 개정으로 불법 합성물 제작과 유포에 대한 처벌이 강화됐다. 경찰청 국가수사본부는 "불법 합성물 범죄가 2021년 156건, 2022년 160건, 2023년 180건 발생했다"고 밝혔다(한겨레, 2024.3.20). 처벌과 별개로 불법 합성물 성범죄 피해자인 조르자 멜로니 이탈리아 총리처럼 범죄물을 제작·유포한 가해자들을 대상으로 손해배상 소송을 제기하는 경우는 아직 많지 않다. 왜냐하면 범죄 가해자가 미성년자인 경우가 많아 소송 실익이 크지 않기 때문이다. 실제 딥페이크 불법 합성물로 검거된 이들 가운데 69.1%가 10대였다. 한국여성변호사회 아동청소년특별위원장 서혜진 변호사는 "한국에서 딥페이크 범죄 가해자는 미성년자가 많은 게 특징"이라며 "음란물 제작사가 범행을 직접 저지른 사건이 많지 않고 이에 따라 피해에 대한 손해배상을 제기한 소송도 드문 상황"이라고 설명했다.

프랑스 신문 《르 몽드(Le Monde)》는 세계적 팝가수 테일러 스위프트의 얼굴을 합성한 음란물이 전 세계에 퍼진 사건을 전하며, "한국은 오랫동안 '불법 촬영 공화국'으로 불렸지만 이젠 '딥페이크 공화국'이다"라고 주장하면서 강하게 질책했다. 르몽드는 "딥페이크를 활용한 성범죄는 한국에서 수년 전부터 문제였으며 이미 일상적인 일이 됐다"고 보도했다. 우리나라가 IT 강국이고 우리나라 사람들이 인터넷 사용이나 AI 도구 사용에 능한 것은 사실이지만, 이렇게 우리나라가 딥페이크 공화국이라고 질타를 받는 사실은 매우 부끄러운 일이다. 단순한 딥페이크가 아니라 포르노 영상물이나 성착취 영상물에서 인물의 이미지를 한국 가수들이나 배우들의 이미지로 변화하는 딥러닝 기술에 능하고 딥페이크 자체에 대해 양심의 가책을 느끼지 않기 때문이다. 그리고 대부분의 가해자들이 이미지 조작에 능한 청소년들과 촉법소년들이기 때문에 처벌도 쉽지 않은 상황이다.

현재 우리나라에서 발생하는 AI 관련 딥페이크 성범죄와 각종 성착취 영상물을 제작하고 유포하는 데 주로 사용되는 미디어는 텔레그램(Telegram)으로 알려져 있다. 그래서 경찰청 국가수사본부는 텔레그램 본사와 2024년부터 접촉해 협조를 구하고 있는 것으로 알려지고 있다. 경찰청은 2024년도에 딥페이크 관련 성범죄 사건 813건을 접수받아 387명을 검거했다고 밝힌 바 있는데, 텔레그램 본사에서 적극 협조한다면 범인 검거율은 상당히 증가할 것으로 사료된다. 검거된 피의자 연령대를 보면 10대가 324명(촉법 66명)으로 가장 많았으며, 20대 50명, 30대 9명, 40대 2명, 50대 이상 2명 순으로 집계된 바 있다(아시아투데이, 2024.9.26). 10대 피의자가 83%라는 사실은 우리나라 10대 청소년들이 딥페이크를 이용한 이미지 조작에 얼마나 능수능란한지를 알 수 있는 단면이다.

딥페이크 성범죄 문제와 대응

한편 포르노 영상물이나 성착취 영상물에 '가짜(Fake)'라고 표시할 경우에도 성범죄에 해당하는가 하는 의문을 가질 수 있다. 영상을 진짜라고 속이고 유포하는 것이 아니라 가짜라고 명시했으니 문제가 없다고 보는 견해가 있을 수 있지만, 경기대학교 이수정 교수는 "딥페이크 영상물 속 당사자의 동의를 구하지 않은 것이 핵심"이라며 범죄에 해당되는 이유를 설명했다(BBC News 코리아, 2021.3.12.). 영상에 출연하는 배우와 연출 감독 등의 동의를 구하고 공식적 계약을 맺고 촬영한 음란 영상물과는 엄연히 다르다는 점에서 주의를 요한다고 볼 수 있다. 이 교수는, 특히 디지털 성범죄자의 피해자들의 경우 가해자를 특정하기가 어렵고, 영상이 한번 퍼지면 불특정 다수가 직간접적 가해 행위를 하게 되기 때문에 피해자가 느끼는 막연한 공포심과 피해는 회복 불가능하다고 설명했다. 실제 일어난 성폭행 피해자들에 비해 디지털 성범죄 피해자들이 극단적 선택을 하는 경우가 많다. 딥페이크 영상이 연예인들이나 유명 스타들의 극단적인 선택을 유발할 수 있는 개연성이 매우 커 보이는 시점이다.

현재 폭주하는 AI 관련 범죄에 대처하기 위해 대한민

국 경찰은 AI 관련 헤드쿼터(Headquarter)를 마련 중이다. 경찰청은 딥페이크 · 딥보이스 등 AI 기술을 활용한 신종 범죄를 막기 위해 '치안 AI 혁신 추진 태스크포스(TF)'를 신설하고, 분야별로 산재됐던 AI 관련 정책 및 범죄 대응 방안을 일원화했다고 밝혔다. 미래치안정책국 산하에 설치된 TF는 3개월 단위로 연장할 수 있으며 2개 계로 이뤄져 총 30가지 전략 과제를 추진한다는 계획이다(서울경제, 2025.5.16). 그동안 경찰은 AI 연관 범죄를 분야별로 따로 대응해 왔다. 현장에서 발견되는 범죄자의 발자국인 족적흔을 채취해 추적에 나서는 역할은 과학수사과가, 딥페이크 등을 판별하는 기술은 사이버범죄수사과가 담당하는 식이다. 이 때문에 AI 범죄와 관련해 일관적인 정책 대응이 어렵다는 지적이 경찰 내에서 계속 나왔다. 하지만 무엇보다도 성범죄와 관련한 태스크포스 팀이 무엇보다도 시급하다는 판단이다. 디지털 성범죄는 피해자가 겪게 되는 정신적인 충격이 너무 크기 때문이다.

참고문헌

문화일보(2024.8.30). 딥페이크 성착취물 등장 53%가 한국인…전세계 1위,

https://www.munhwa.com/article/11450562

서울경제(2025.5.16). 들끓는 AI범죄…'헤드쿼터' 띄운 경찰,
https://www.sedaily.com/NewsView/2GSTJMMREY

아시아투데이(2024.9.26). 올 들어 딥페이크 성범죄 피의자 387명 검거…80% 10대,
https://www.asiatoday.co.kr/kn/view.php?key=20240926010014745

한겨레(2024.3.20). 멜로니 이탈리아 총리, 딥페이크 범죄물 유포한 부자에 손배소,
https://www.hani.co.kr/arti/international/international_general/1133051.html

BBC News 코리아(2021.3.12). 딥페이크: AI기술에 드리운 빛과 그림자,
https://www.bbc.com/korean/news-56358085

07
이미지 조작 사례 3: 소라

이미지 생성형 AI들이 영상을 새롭게 창출하는 것은 중요하지만 현실과 가상 세계의 경계선을 흩뜨려 인식에 혼란을 일으킬 수 있다. 이미지 조작이 일어난 사실을 숙지하지 못할 경우 문제가 발생할 수도 있다는 점을 간과해서는 안 될 것이다.

AI와 애니메이션?

소라

자체적으로 영상을 새롭게 생성해 주는 AI가 유행하고 있다. AI를 통해 실제와 같은 영상을 만드는 것이 얼마나 쉬운지를 보여 주는 영상들이 화제가 되고 있는 가운데, 소라(SORA)라고 하는 프로그램을 통해서 실제 영상과 구별하기 쉽지 않은 영상들이 많이 제작되고 있다. 이용자들이 소라에 간단한 명령어만 입력하면 손쉽게 영상을 생성할 수 있다.

이렇게 AI로 손쉽게 영상을 생성할 경우 가장 시급한 문제가 몇 가지 있다. 먼저 영상 업계 종사자들이 일자리를 잃어버릴 확률이 매우 크다. AI가 영화나 게임 한 편을 뚝딱 만들어 낸다면 영화 산업이나 게임 산업의 근본이 흔들릴 수 있다. 영화 한 편을 만드는 데 참여하는 인력은 연출 감독 외에도 수백 명의 스태프가 있다. 그리고 영화와 연관된 협력 업체도 상당히 많다. 그런데 AI가 아주 쉽게 영상을 생성한다면 인력 측면에서 상당히 심각한 문제가 발생한다. 엔비디아의 최고경영자 젠슨 황은 "앞으로 5년 안에 AI가 인간과 경쟁하게 될 것이다"(헤럴드경제, 2024.11.22)라고 주장한 바 있는데, 이는 인간과 AI가 일자리를 놓고 직접적으로 경쟁하게 될 것이라는 의미로 받아들일 수 있다. 국제통화기금(IMF)도 AI가

전 세계적으로 사람의 일자리를 위협한다고 예상했다. IMF는 AI가 세계 노동 시장을 "지진해일(쓰나미)처럼 덮칠 것"이라며 "향후 2년 내 선진국 일자리의 60%, 전 세계 일자리의 40%에 영향을 미칠 것이다"라고 보도한 바 있다.

다음으로는 영상을 통한 이미지 창조의 측면을 들 수 있다. 영화 한 편에서 만들어지는 영상의 이미지들은 원래 연기자들의 자연스러운 연기를 통해서 창출된다. 배경과 연기자들의 연기력이 혼합된 자연스러운 산물이 바로 영상이 뿜어내는 이미지인 것이다. 그런데 AI가 이런 과정 없이 바로 영상을 산출해 낸다면 '과연 영상을 통해 자연스런 이미지 표출이 가능할 수 있을 것인가' 하는 의문이 제기된다. AI를 통해서는 이미지 창출보다는 오히려 이미지 조작이 일어날 가능성이 더 많다. 일반 연기자들이 창출해 낼 수 없는 영역까지 침범해 이미지를 창출해 낸다면 그것은 이미지 창출을 넘어 이미지 조작으로까지 확대될 수 있다. 왜냐하면 '소라'는 여러 캐릭터와 특정 유형의 동작, 복잡한 장면 등 최대 1분 길이의 동영상도 빠르게 제작할 수 있을 뿐만 아니라 실제 세계에 존재하는 이미지까지 창출해 낼 수 있기 때문이다. 인간이 창출할 수 있는 영역을 훨씬 뛰어넘을 수 있다는 얘기가 된다. 아무리 연기 잘하는 연기자라 할지라도 소라가 생성한 다양한 생성형 영상보다 못할 수 있으며, 생성된 하나의 비디오 내에서 캐릭터와 시각적 스타일을 정확하게 유지하는 여러 장면을 만들 수도 있다는 것도 소라의 놀라운 포인트 중 하나다.

생성형 AI는 기술적으로 점점 더 발전하고 있다. 오픈AI가 소라 2를 준비 중이며, 구글의 비오 3(Veo 3)와의 경쟁을 예고했다. 비오 3는 영상에 음성을 포함해 사실감을 높였고, 오픈 AI는 비오 3를 넘어서는 기술을 개발하고 있다고 한다. 소라 2가 성공하려면 음성 합성 품질과 사용 편의성을 극대화할 필요가 있다. 디지털 전문 뉴스들은 "소라 1은 고품질 이미지로 주목받았지만, 음성이 없는 무성 영화 수준에 머물렀다. 반면 비오 3는 음성과 환경음을 포함해 사실감을 높였다. 예를 들어, 커피를 따르는 장면에서 액체 소리, 도자기 소리, 주변 소음까지 자연스럽게 재현했다. 따라서 소라 2가 비오 3를 넘어서며 경쟁력을 확보하기 위해서는 시각적 요소뿐만 아니라 음성 합성과 환경음을 자연스럽게 결합하는 기술이 필수적이다"라고 보도하고 있다(디지털투데이, 2025.7.25). 구글의 비오 3도 완벽하지는 않지만, 영상과 음성을 조화롭게 연결하는 데 성공했다. 소라 2가 30초 이상의 영상에서도 안정적인 품질을 유지한다면, AI 영상 제작자들에게 매력적인 옵션이 될 수 있다. 하지만 음성이 없다면 경쟁력을 확보하기 어렵다. 그러나 이미지 생성형 AI들이 영상을 새롭게 창출하는 것은 중요하지만 현실과 가상 세계의 경계선을 현실과 가상 세계의 경계선을 흘뜨려 인식에 혼란을 일으킬 수 있다. 이미지 조작이 일어난 사실을 숙지하지 못할 경우 문제가 발생할 수도 있다는 점을 간과해서는 안 될 것이다.

지브리 스타일

2025년 들어 생성형 AI의 대중화 시대가 열리고 있다고 해도 과언이 아니다. 챗지피티(ChatGPT)의 지브리 스타일 사진 변환 기술 때문에 많은 사람들이 챗지피티를 더 많이 사용하는 것으로 나타났다. 2025년 상반기에 챗지피티의 이미지 생성 기능은 또 하나의 문화를 만들어냈다. '지브리 스타일 변환'이라는 키워드를 중심으로 SNS에서는 '지브리 프로필 사진' 트렌드가 대세로 떠오르기도 했다. 챗지피티는 단순히 이미지를 그리는 기술을 넘어서 수용자의 이미지 변환에 대한 명령을 감성적으로 재해석하는 수준까지 도달했다고 판단된다. 예를 들어 평범한 셀카 사진을 하나 선택해 챗지피티에게 파스텔 톤의 지브리 스타일로 변환해 달라고 요청하면 미야자키 하야오 일본 애니메이션 감독의 그림체로 바꾸어 준다. 챗지피티는 사용자가 입력한 사진의 이미지를 수학적 패턴으로 인코딩하고 파스텔 톤의 지브리 스타일로 바꾸어 주는 기능을 갖고 있다.

원래 '지브리 스타일'이라고 하는 것은 일본 애니메이션 전문 제작사인 '스튜디오 지브리(Studio Ghibli)'의 스타일이라는 뜻이다. 이 스튜디오 지브리는 미야자키 하야오와 다카하타 이사오가 1985년 설립한 일본 애니메이션 스튜디오를 말하는데, 아날로그적인 손그림 기법으로 유명하다. 그리고 히사이시 조의 음악을 OST로 사용하면서 더욱 유명해졌다. 이 스튜디오의 대표적인 작품으로는 〈이웃집 토토로〉(1988), 〈센과 치히로의 행방불명〉(2001), 〈하울의 움직이는 성〉(2004) 등이 있으며, 작품에는 전반적으로 아날로그적인 감성이 흐른다. 이들은 컴퓨터 애니메이션 시대에 손그림 기법을 고수하며 섬세한 배경과 캐릭터를 표현하는 것으로 평가되는데, 챗지피티를 통해 많은 사람들이 프로필 사진을 지브리 스타일로 바꿔서 카카오톡 같은 SNS에 싣고 있는 것이다.

그런데 여기서 한 가지 생각해 볼 문제는, 자신의 사진을 지브리 스타일로 바꾸는 것이 무료이고 자유이기는 하지만 자신의 본래의 이미지를 훼손하고 있다는 점이다. 자신의 사진을 지브리 스타일로 바꾸는 것을 단순한 이미지의 변환으로 봐야 할지 아니면 이미지 조작으로 간주해야 할지는 생각하기 나름이라고 말할지도 모르겠지만 필자가 보기에는 이미지 조작에 가깝다. 인간에게는 하늘이 그 사람에게 부여한 본래의 이미지가 있다. 그런데 AI의 기능을 통해서 인간 본래의 이미지를 이런 특정 스타일로 바꾸는 것이 정당화된다면 인간의 얼굴을 성형수술하는 것도 정당화되어야 한다. 미용을 위해 성형수술을 하는 것은 부정적으로 바라보면서 AI를 통해서 이미지를 바꾸는 것을 긍정적으로 간주하거나 정당화한다면 이율배반적인 행위일 수 있다. 물론 본래의 이미지를 지브리 스타일로 바꾸는 행위를 법으로 규제할 수는 없지만, 이런 행위가 항상 정당화된다면 AI 만능주의에 빠질 수 있는 위험 요소가 있다. 따라서 필자는 자신의 페이셜 이미지(Facial Image)를 지브리 스타일로 바꾸는 행위는 일종의 이미지 조작이라고 해석한다.

참고문헌

디지털투데이(2025.7.25). 오픈AI, 소라2 출시 임박…구글 비오3와 정면 승부, https://www.digitaltoday.co.kr/news/articleView.html?idxno=579663

미디어오늘(2025.5.3). 지브리 스타일 유행, 생성형 AI 대중화 시대 열었다, https://www.mediatoday.co.kr/news/articleView.html?idxno=326045

헤럴드경제(2024.11.22). “이건 소름이 돋는다” 섬뜩한 여성 정체…알고보니 ‘아연실색’, https://biz.heraldcorp.com/article/10003237

08

이미지 조작 규제 법안

남이 올린 이미지를 본인의 동의 없이 함부로 사용할 수 없도록 하는 제도적 및 기술적 장치가 빨리 마련되어야 한다. 현재 이러한 이유들 때문에 온라인에서 자신의 이미지나 정보를 꽁꽁 숨기려 하는 디지털 은둔족이 늘어나고 있다.

AI와 인재 채용?

현존하는 법적 문제

이미지 조작과 관련된 법적 규제 방안은 아직 미비한 상태다. 이미지와 영상을 생성해 내는 AI의 경우, 이미지 생성의 기능이 어떤 법적 규제에 의해 통제될 수 있는지 아직 법령이 미비하다. 샘 올트먼 오픈 AI 최고경영자(CEO)는 소라를 출시하면서 두 이미지를 결합해 영상을 생성하는 '블렌드(Blend)' 기능과 AI가 생성한 비디오를 끝없이 반복하는 기능 등을 직접 시연한 바 있다. 오픈 AI에서는 이용자가 텍스트로 써 넣은 문구뿐만 아니라 특정 이미지에서 영감을 받아 동영상을 생성하는 것도 가능해졌으며, 또한 기존 동영상에서 빠진 부분을 자연스럽게 채우는 것도 가능하다고 말했다. 그런데 이런 AI의 기능에는 이미지 도용 및 무단 사용 등의 법적 위험이 도사리고 있다. 그래서 오픈 AI는 AI가 생성한 비디오에 눈에 보이는 워터마크가 부착돼 AI로 만들어졌음을 알 수 있게 하겠다고 밝혔다(조선일보, 2024.12.10). 또 영상 제작을 위해 업로드하는 이미지 등 자료에 18세 미만의 사람이나 폭력적 · 성적 콘텐츠 및 저작권을 위반하는 자료가 포함될 가능성도 많은데, 오픈 AI는 이렇게 법적으로 문제가 될 만한 내용과 이미지과 포함되지 않았다는 내용을 체크하도록 할 예정이라고 했다. 그리고 이용자들이 만약 소라를 통해 만들어진 영상을 악용할 경우, 계정 정지로 소라를 사용할 수 없게 하겠다고도 했다. 오픈 AI 소라 제품 책임자인 로한 사하이는 "우리는 소라와 관련한 법적 문제를 방지하면서 동시에 이용자들의 창의적 표현을 최대화할 수 있도록 하는 것이 목표"라고 했다. 하지만 오픈 AI 관계자들의 다짐과 각오와는 달리 여러 가지 법적 문제가 발생할 가능성은 매우 높다. 이런 문제들을 심각하게 다룰 수 있는 공식적인 기구가 탄생해야 할 것이다.

한편 오픈 AI는 인간의 음성을 100%에 가깝게 흉내내고 있는 것으로 판단된다. 이러한 음성 조작 기능은 금융기관의 음성 인식을 통한 인증 과정과 직결되는 문제다. 실제로 오픈 AI의 샘 올트먼 CEO도 AI를 통해 음성을 조작함으로써 금융 관련 사기 행위가 급증할 것임을 경고했다. CNN에 따르면 올트먼은 미국 연방준비은행(FRB)에서 열린 '경제 및 사회적 AI 영향' 관련 행사에서 "금융기관 중 일부는 여전히 음성 인식을 본인 인증 수단으로 사용해 큰돈을 이체하거나 중요한 작업을 승인하고 있는데 이는 매우 위험한 일"(조선일보, 2025.7.24)이라고 지적했다. AI가 인간 음성을 거의 똑같이 복제할 수 있게 된 상황에서 음성 인식 등 기존 인증 수단이 사실상

무의미해졌다는 것이다. 그는 "AI는 이미 대부분의 인증 방식을 완전히 무력화했으며 지금은 AI를 이용한 음성 통화로 사기 행위를 하는 수준이지만 곧 현실과 구별이 불가능한 영상 통화까지 등장할 것"이라고 경고했다. 복제한 이미지를 이용한 영상 통화로 금융 사기가 이루어질 위험성을 미리 경고한 것이다. 우리 인간 사회에 암울한 미래가 펼쳐질 수 있다는 것이며, 그것이 금융과 연관될 때 심각한 경제적 및 법적 문제가 야기될 수 있다는 점을 간과해서는 안 될 것이다. 현실적으로 AI에 의해 발생할 수 있는 금융 사기 및 범죄에 대한 우려는 꾸준히 제기돼 왔다. AI로 어린아이의 목소리를 복제해 특정 부모에게 전화를 걸어 해당 자녀가 납치된 것처럼 부모를 속여 돈을 요구한 사건이나, 유명 인사의 영상 · 음성을 복제한 피싱 사기도 자꾸 일어나고 있다. 미국 FBI는 AI로 음성과 영상을 복제하는 기술을 이용한 신종 사기 범죄를 이미 경고한 바 있고, 마이크로소프트도 2025년 4월 AI의 사기 수법이 진화하고 있다는 내용의 보고서를 낸 바 있다.

법적 규제

생성형 AI의 기술이 발전하면서 인간이 인간임을 스스

로 증명해야 할 필요성은 이제 음성과 영상 등 시청각 영역으로까지 빠르게 확대되고 있다. 특히 AI와 딥페이크를 활용한 불법 콘텐츠 합성 기술이 발전하면서 일반인도 손쉽게 이를 제작할 수 있게 되자, 음성이나 영상의 진위를 따지는 일이 점점 더 중요해지는 추세다. 음성의 경우, AI가 특정인의 억양이나 말투는 물론 감정의 뉘앙스까지 정교하게 모방하는 수준에 도달하면서 보이스피싱과 같은 범죄 수법도 빠르게 진화하고 있다. 정보 보안 업체 핀드롭의 보고서에 따르면 딥페이크 음성 기반 사기 시도는 2024년에 이르러 하루 평균 일곱 건으로 급증했다(조선일보, 2025.6.21). 은행의 기존 텔레뱅킹이나 보험사 상담 과정에서 딥페이크 음성으로 본인 인증을 우회하거나, 가족이나 지인을 사칭해 송금을 유도하는 방식이 지금까지의 대표적 사례들이다.

딜로이트 금융서비스센터는 이러한 AI 기반 사기로 인한 피해액이 2027년까지 미국에서만 400억 달러에 이를 수 있다고 추산했다. 이에 HSBC 은행 등 국제 금융기관들은 AI가 생성한 음성의 파형과 주파수 등 미세한 차이를 분석해 인증 단계부터 AI 음성을 걸러내는 시스템을 도입하고 있다. 다만 핀드롭 측은 "AI 합성 음성을 실시간으로 탐지하는 기술은 아직 완벽하진 않은 상태"라고 했다.

딥페이크 영상 탐지 기술도 아직 해결해야 할 과제가 많다. 2025년 3월 호주 연방과학산업연구기구(CSIRO)가 주요 딥페이크 영상 탐지 사례 중 16개를 분석한 결과, 정상 원본 영상과 합성 영상을 구별한 정확도는 68% 정도에 불과했다. 특히 유튜브나 인스타그램 등 소셜미디어에 올라오는 영상이나 유명인이 아닌 일반인 영상, 조명이나 해상도가 떨어지는 영상의 경우에는 판별하기가 어려운 것으로 파악된다. CSIRO 연구팀은 "딥페이크 기술이 점점 정교해지고 있는 만큼, 단순히 겉모습만으로 판단하는 기존 방식으론 한계가 있다"며 "앞으로는 영상 콘텐츠의 문맥과 의미까지 포함해 다차원적인 탐지가 필요하다"고 했다.

AI를 통한 딥페이크 기술이 극도로 발달하게 된 원인에는 인터넷에 업로드된 많은 이미지들 때문이라는 주장이 제기되기도 한다. 이미지 조작도 인터넷에 떠도는 많은 사진과 이미지들로부터 출발한다고 볼 수 있다. 사이버 보안 업체 노드VPN이 2022년 한국의 성인 1,000명을 대상으로 한 설문에서, 한국인 62.1%는 "인터넷에서 자신의 존재를 지우고 싶다"(조선일보, 2025.4.24)고 답했다.

다른 사람들의 이미지를 함부로 사용하는 문제는 심각한 법적 문제다. 이를 규제하기 위한 법적 규제가 시급한 상황이다. 남이 올린 이미지를 본인의 동의 없이 함부로 사용할 수 없도록 하는 제도적 및 기술적 장치가 빨리 마련되어야 한다. 현재 이러한 이유들 때문에 온라인에서 자신의 이미지나 정보를 꽁꽁 숨기려 하는 디지털 은둔족이 늘어나고 있다. 이러한 이유는 AI를 통해 개인 이미지가 도용되고 개인정보가 각종 범죄에 쓰일 우려가 더 커졌기 때문이란 지적이다. AI로 가짜 얼굴 및 음성을 단 몇 분 만에 만들 수 있게 되면서 범죄 수법이 정교해지고, 진짜 이미지와의 구별이 어려워짐에 따라 범죄 형태는 다양해지는 추세다. 글로벌 사이버 보안 업체 홈시큐리티 히어로스에 따르면, 2023년 온라인에 유포된 딥페이크 영상은 2019년 대비 550% 늘어난 약 9만 5000개를 기록했다. 이 중 음란물은 2만 1000건에 달했다. 글로벌 컨설팅 기업 딜로이트는 “다크웹(특정 프로그램으로만 접속되는 비밀 사이트)엔 이미 수천 달러에 살 수 있는 다양한 사기 용도의 AI 관련 소프트웨어들이 판매되고 있다”고 주장한다. 이제 어떻게 할 것인가? AI 관련 기술적 발달을 막을 수 있는 방법은 없지만, AI를 통한 범죄 행각을 막을 수 있는 법적 규제가 반드시 마련되어야

하고, 여기에 대한 법률 제정이 시급한 상황이다.

이런 까닭에 배상명령을 신청할 수 있는 범죄에 딥페이크 이용 성범죄도 추가해야 한다는 지적이 나온다. 배상명령이란 형사소송 재판에서 피해자가 정식으로 신청을 하면 법원이 유죄 판결을 선고하면서 범죄 피해에 대한 손해배상을 바로 명령하는 제도다. 따라서 원고가 별도로 민사 소송을 진행하지 않아도 되기 때문에 소송 비용이 추가로 들지 않고, 상대적으로 신속하게 보상이 이뤄질 수 있다는 장점이 있다(한겨레, 2024.3.20).

현재 제정된 AI 관련 법규로 우리나라에는 2023년 개정된 「한국정보통신망법」이 있다. 이 법에 따르면 영상을 불법적으로 합성하고 음란물을 제작·배포할 시에는 최대 징역 7년까지 처해질 수 있다. 미국에는 「딥페이크법(DEEPFAKES Act)」이 있는데, 선거 60일 전 정치적 딥페이크를 공개할 시 최대 5년 형에 처해질 수 있다. 유럽에서는 「EU AI법(EU AI Act)」을 통해 '고위험' AI에 대해서 반드시 설명해야 할 의무를 규정하고 있다. 딥페이크는 콘텐츠 표시가 의무적으로 부과된다.

참고문헌

조선일보(2024.12.10). 오픈AI, 동영상 AI '소라' 정식 출시,

https://www.chosun.com/economy/tech_it/2024/12/10/DSBVYSZOL5E7DEHD6S2R6KB7FQ/

조선일보(2025.4.24). “AI 범죄 악용될라”…온라인 프로필 꽁꽁 숨기는 ‘디지털 은둔족’, https://www.chosun.com/economy/weeklybiz/2025/04/24/PWO6QVEDH5HFRHWPW42QHXVYOU/

조선일보(2025.6.21). “AI가 안 썼다" 증명해야 하는 시대…‘인간 인증’ 없인 글도, 음성도 의심 받는다, https://www.chosun.com/economy/weeklybiz/2025/06/19/NOMLP3GB5BCANPZBL2A63YYDPY/

조선일보(2025.7.24). 올트먼 “AI 악용해 사람 사칭하는 사기 급증할 것”, https://www.chosun.com/economy/tech_it/2025/07/24/EPTOORBKTJG7VAD3CZQPL6EU4E/

한겨레(2024.3.20). “한국은 딥페이크 공화국”…처벌과 동시에 ‘배상명령’ 도입돼야, https://www.hani.co.kr/arti/society/women/1133107.html

09
머신 바이어스 문제

머신 바이어스는 인공지능이나 알고리즘이 편향된 결정을 내리는 현상을 의미한다. 이 현상은 AI 시스템이 학습한 데이터가 편향되어 있거나, 설계 방식에서 특정 집단에 불리하게 작용할 수 있는 요소가 포함되어 있을 때 발생한다. AI의 결정이 한 집단에 불리하게 작용한다면 문제가 될 수 있다.

AI와 기자?

21세기 프로메테우스

1818년 영국에서 출간된 《프랑켄슈타인: 혹은 현대판 프로메테우스(Frankenstein: or the Modern Prometheus)》는 처음엔 익명으로 출간된 소설이었다. 나중에 원작자로 밝혀진 인물은 메리 셸리(Mary Shelley)였는데, 영국의 유명한 낭만파 시인 조지 바이런(George Byron)과 친분이 있던 인물이었으며 당시 나이는 21세였다. 메리 셸리와 조지 바이런은 무서운 이야기를 만들어 보기로 했는데, 셸리는 인간이 만들었지만 인간을 압도하고 인간을 위협할 수 있는 괴물의 이야기를 만들어 냈고, 바이런은 흡혈귀 이야기를 만들어 냈다. 두 사람 모두 나중에 소설을 발간했는데, 바이런은 《흡혈귀》라는 소설을 펴냈고, 메리 셸리는 자기를 만든 인간을 굴복시키는 괴물의 이야기를 《프랑켄슈타인》이라는 소설로 펴냈다.

보통 프랑켄슈타인 하면 괴물을 의미하는 것으로 알고 있는데, 사실은 괴물을 만들어 낸 박사의 이름이다. 소설 속에서 프랑켄슈타인 박사는 어느 날 실험을 통해 괴물을 만들어 내는 데 성공한다. 소설의 부제인 '프로메테우스'는 그리스 신화에 나오는 신의 이름이다. 인간을 창조한 신으로 알려져 있으며, 인간의 옹호자 내지는 대변인으로 인식되고 있다. 괴물을 만들어 낸 프랑켄슈타인 박사는 바로 이 프로메테우스 같은 존재로서 괴물을 창조해 낸 창조의 신으로 각광받을 수도 있지만, 결국은 자신이 만들어 낸 괴물에 의해서 정복당하고 죽임을 당하는 불쌍한 창조자가 되고 만다.

AI도 동일선상에서 고려해 볼 수 있다. AI의 모든 알고리즘은 사람이 만든 것이다. 알파고라는 인공지능이 나와서 인간과 바둑을 둘 때까지도 인공지능이 그렇게 우수한 줄을 몰랐다. 하지만 알파고 이후에 모든 언론들이 인공지능 시대의 개막을 알리면서, 인공지능의 우수성을 파악하게 되고, 어쩌면 인공지능의 알고리즘이 인간 두뇌의 연산 작용 수준을 훨씬 뛰어넘을 수 있다는 점에 전율을 느끼게 되었다.

'알고리즘(Algorithm)'은 9세기 페르시아의 수학자인 무하마드 알콰리즈미의 이름을 라틴어로 표기한 '알고리스무스(Algorismus)'에서 유래한 용어라고 전해진다. 알고리즘은 주로 수학과 컴퓨터과학에서 사용되는 용어이며, 문제 해결 방법을 정의한 일련의 단계적 절차이자 어떠한 문제를 해결하기 위한 동작들의 모임을 말한다. 또 계산을 실행하기 위한 단계적 규칙과 절차를 의미하기도 하는데, 연산, 데이터 마이닝(Data Mining) 또는 자동화된 추론을 수행하는 것으로 알려진다. 데이터 마이닝은 대규모로 저장된 데이터 안에서 체계적이고 자동적으로 통계적 규칙이나 패턴을 분석해 의미 있는 정보를 추출하는 과정이다. 다른 말로는 데이터베이스 속의 지식 발견(KDD, Knowledge-Discovery in Databases)이라고도 일컫는다. 이런 데이터 마이닝 기법을 통해 알파고 같은 인공지능이 우리 한국의 이세돌 9단과 바둑 시합을 해서 이길 수 있었다. 바둑의 수백만 가지 패턴을 분석해 상대방을 이길 수 있는 방법과 정보를 추출할 수 있었기 때문에 인간과의 경쟁에서 승리할 수 있었던 것이다. 바둑의 예를 들었지만, 모든 분야에서 AI는 인간의 연산 능력과 데이터 마이닝 능력을 훨씬 뛰어넘기 때문에, 앞으로는 인간이 할 수 없는 어마어마한 데이터 마이닝 능력을 여지없이 보여 줄 것이다. 이것은 프랑켄슈타인 박사와 괴물의 관계와 매우 흡사하다. 인간이 프랑켄슈타인 박사라면, 괴물은 바로 AI가 될 것이다. 인간이 AI를 만들었지만, 인간이 만든 그 AI에게 인간이 지배를 당하는 날이 올 수도 있다.

이제 로봇의 시대가 오고 있다. 인간의 비서 역할을 할 수 있는 비서 로봇이 개발되고 있다. 기술적 개발은 완성되었고, 상용화만 남겨 두고 있다. 이 비서 로봇은 인간과 같이 생활하면서 인간의 시중을 들 것으로 예상

된다. 이런 비서 로봇은 인간의 일상을 도와주고 이롭게 하기 위해 만들어지는 것이다. 매우 바람직한 현상이라고 할 수 있다. 그런데 이런 비서 로봇을 넘어서 인간의 부정 행위를 도와주는 프로그램이 등장하고 있다면 이걸 어떻게 해석할 것인가? 클루엘리(Cluely)라고 하는 스타트업 회사는 사람들이 인터뷰할 때나 면접이나 시험을 볼 때 도움을 받을 수 있는 프로그램을 개발한 바 있다. 한국계 미국인인 클루엘리의 CEO 로이 리(Roy Lee)는 인사 채용이나 회사 면접 시 피면접자들만 볼 수 있는 브라우저 내 창을 통해 질문에 대한 답을 실시간으로 공급해 주는 '인터뷰 코더(Interview Coder)'라는 프로그램을 개발했다. 이 인터뷰 코더는 당연히 AI를 기반으로 하는 프로그램이다. 사용자가 빠른 시간 내에 응답할 수 있도록 사용자에게 정답을 공급해 주는 행위는 결국 사용자의 부정 행위를 도와주는 결과를 낳는다. 클루엘리의 연간 매출은 현재 300만 달러가 넘는 것으로 집계되고 있다(위클리비즈, 2025.5.1).

머신 바이어스

"머신 바이어스(Machine Bias)"는 AI나 알고리즘이 편향된 결정을 내리는 현상을 의미한다. 이 현상은 AI 시스템이 학습한 데이터가 편향되어 있거나, 설계 방식에서 특정 집단에 불리하게 작용할 수 있는 요소가 포함되어 있을 때 발생한다. AI의 결정이 한 집단에 불리하게 작용한다면 문제가 될 수 있다.

AI 윤리에 대한 고민을 담은 대담집 《가장 인간적인 미래》(2022)를 보면 그런 고민이 잘 드러난다. AI 관련 기술이 어디까지 발전할지는 알 수 없지만, AI가 내린 결정을 어디까지 수용해야 할지는 정말 고민해야 할 과제가 아닐 수 없다. 저자 윤송이 박사는 이 저술에서 "전자공학을 전공하면서 신호 처리 과정에서 이미지를 압축하는 걸 배웠다. 거기서 수학적으로 가장 에러가 적은 기술은 단순히 사람 눈에 좋게 보이는 기술을 뜻하는 게 아니란 걸 알게 됐다. 사람이 어떤 주파수에 민감한지 알고, 그걸 잘 표현하는 기술이 더 좋은 기술이란 얘기다. 간단해 보이는 기술도 만들 땐 사람이 어떻게 생각하고 사람 뇌가 어떻게 동작하는지부터 접근해야 한다는 걸 깨달았다"(윤송이, 2022: 32)라고 썼다. 매우 공감이 가는 주장이다.

머신 바이어스는 편향된 학습 데이터가 특정 집단에 불리하게 구성되어 있을 경우 일어날 수 있다. 2016년 프로퍼블리카(ProPublica) 조사에 따르면 미국의 범죄

예측 알고리즘 콤파스(COMPAS)는 흑인 피고인들을 재범 위험이 더 높은 집단으로 분류한 바 있는데, 이는 실제 재범률과 일치하지 않았다. 인종에 따른 재범률을 산출할 때 머신 바이어스가 작용한 사례라고 분석할 수밖에 없는 것이다. 알고리즘에 의한 결론 도출 과정에 머신 바이어스가 계속 발견될 수 있다는 점은 AI와 공존해야 하는 우리로선 당혹스러운 측면이다. 머신 바이어스에다 AI를 사용하는 사람의 사악함까지 더해진다면 최악의 경우 AI에 의한 신종 범죄에 우리 인류가 신음하게 될 것이다.

불황을 모르고 기승을 부려 온 보이스피싱 범죄가 AI 등 첨단 기술과 결합하면서 피해가 눈덩이같이 불어나고 있다. 불특정 다수에게 임의로 전화를 걸어 사기를 시도했던 과거와 달리, 최근엔 온라인을 통해 개인정보를 입수한 상태에서 '맞춤형 사기'가 늘고 있기 때문이다. 소셜미디어 등에서 확보한 사진・영상을 바탕으로 영상을 위조하는 딥페이크 기술에다 목소리까지 위조하는 딥보이스 기술까지 등장하면서, 오랫동안 같이 산 가족들도 감쪽같이 속게 되는 수준까지 범죄가 진화했다. 경찰청은 2025년 상반기 보이스피싱 피해 액수는 6,421억 원이라고 밝혔다. 상반기 기준 역대 최고 액수다. 2025

년 보이스피싱 피해 액수도 사상 처음으로 1조 원을 넘길 것이란 전망이다(조선일보, 2025. 7. 16).

머신 바이어스의 위험성을 따져 본다면, 가장 먼저 사회적 약자에게 불리한 영향을 줄 수 있는 차별적 결과를 꼽을 수 있다. 둘째, 정책 결정이 왜곡되어 공정하지 않은 판단을 근거로 의사 결정이 이뤄질 수 있다. 셋째, AI에 대한 신뢰성이 저하되어 사용자 및 사회 전반으로부터 신뢰를 잃을 것이다.

이런 위험한 문제들을 해결할 수 있는 방안으로는 무엇보다도 다양하고 균형 잡힌 데이터를 확보하는 것이 중요하다. 그리고 편향성을 탐지할 수 있는 '수정 알고리즘'을 빨리 개발해야 한다. 또한 설명 가능한 AI(XAI)를 개발하고 윤리적 가이드라인을 마련해야 한다. 또한 인간의 감시와 개입을 보장할 수 있는 시스템을 개발해야 한다. 마지막으론 AI가 범죄에 이용되지 않기 위해서 새로운 시스템 도입이 필요하다. 머신 바이어스를 극복하고 '머신 크라임(Machine Crime)'을 예방하기 위한 세밀한 대책이 필요하다.

참고문헌

위클리비즈(2025.5.1). "모든 것을 속입시다" 부정 행위를 돕는

AI라고?,
https://www.chosun.com/economy/weeklybiz/2025/05/01/PLZJRQX5RBEBVMN47VK6SIKXYY/
윤송이 외(2022). 《가장 인간적인 미래》, 웨일북.
조선일보(2025.7.16). 보이스피싱 그놈 옆에 AI… 한국 1조 낚였다,
https://www.chosun.com/national/national_general/2025/07/16/HMKINCLPLFAK3JQJBRDYELALUA/

10
AI와 이미지 조작의 미래

증강현실이 최첨단 기술을 통해서 현실 세계를 보완해 주는 것처럼, AI도 현실과 동떨어진 기술이 아니라 현실 세계를 보완해 주는 기능을 탑재한다면 현실 세계는 더욱 살기 좋은 환경이 될 것이다. 하지만 현실 세계를 보완해 주지 못하고 현실 세계와는 사뭇 다른 차원에서만 기술이 개발된다면, AI는 인간 사회를 이롭게 하는 것이 아니라 해치는 도구가 될 수도 있다. 특히 악의 세력이 AI를 통해 검은 의도를 가진다면 인간 사회는 더욱더 암담한 미래를 맞이할 것임을 명심해야 할 것이다.

AI와 미래 의사?

테크셀러레이션

AI가 등장함에 따라 사회 전체에 걸쳐 인간의 라이프스타일에 많은 변화가 시작되었다. 모든 선택과 궁금증을 AI에게 물어보고, 많은 영상을 생성형 AI 플랫폼에 의뢰해서 만들고, 그래픽 이미지와 사진을 창출해 내는 것도 AI에 의뢰하는 시대가 열리고 있다. AI와 관련된 전문적 기술도 빠르게 발전하고 있다. 그리고 그 발전 속도가 매우 빨라서 '테크셀러레이션(Techceleration)'이란 용어가 탄생했다(경향신문, 2025.6.16). 이 용어는 기술을 뜻하는 테크놀로지(Technology)와 가속을 뜻하는 액셀러레이션(Acceleration)의 합성어다. 지난 10년간 AI 관련 기술은 기하급수적으로 발달해 왔다. 현재 AI는 점점 더 많은 정보와 데이터를 축적해 새롭고 심층적인 해답을 바로바로 사용자에게 제공하고 있다. 따라서 인간의 능력으로는 해답을 찾기 어려운 문제들을 AI는 많은 데이터를 바탕으로 즉각 해결하고 사용자가 원하는 정보를 빠른 시간 내에 제공해 주고 있다. 이러한 AI의 기능은 마치 망원경이 우리 눈으로는 보기 힘든 천체들을 쉽게 보게 해 주는 원리와도 같다고 주장하는 학자가 있다. 영국 옥스퍼드 대학교 수학과 마커스 드 소토이(Marcus P. F. Du Sautoy) 교수는 "갈릴레오가 망원경을 통해 우리

눈으로는 볼 수 없는 태양계 깊숙한 곳을 볼 수 있었던 것처럼, AI는 디지털 우주나 데이터 우주 깊숙한 곳을 들여다보고 우리나 인간의 기계로는 볼 수 없는 패턴을 발견할 수 있게 해 주는 새로운 도구다"라는 주장을 펼쳤다. 소토이 교수의 주장대로라면 AI는 인간의 능력으로는 뽑아낼 수 없는 결론적 정보들을 손쉽게 사용자에게 제공해 줌으로써, 우주의 천체를 인간의 눈으로 쉽게 볼 수 있게 해 주는 망원경의 역할을 한다고 할 수 있다.

그러나 인류 역사상 모든 기술의 발전은 동전의 양면과도 같은 특성을 갖고 있다. 동전의 앞면이 긍정적인 측면이라면 동전의 뒷면은 부정적인 측면이다. 19세기 영국의 산업혁명은 대량 생산을 가능케 함으로써 기업의 부가 축적되고 그로 인해 유럽 사회의 자본주의 시스템이 탄탄하게 형성될 수 있는 기회를 제공했다. 하지만 빈부의 격차를 발생시키고, 지배 계급과 피지배 계급의 갈등을 초래했으며, 그로 인해 20세기에는 공산주의 이데올로기가 러시아와 중국에서 꽃피우게 되었다. 만약 AI 기술 개발이 적절한 규제 없이 계속 이대로 지속된다면 아마도 AI의 기술 발전으로 인한 사회적 갈등은 매우 심화될 것이다. AI를 통한 이미지 생성 기술도 날이 갈수록 기술력이 향상되어 가겠지만 그로 인한 이미지 조작 또한 상당한 기술력에 힘입어 세계 시민들에게 피해를 입히게 될 것이다.

AI의 명과 암

실제적으로 챗지피티를 만든 샘 올트먼은 오픈 AI가 사칭 도구를 만들고 있지 않다고 강조하면서, AI 시대에 '인간임을 증명하는 수단'으로 각 개인의 홍채를 스캔해 고유한 아이디를 생성하는 프로젝트를 지원하고 있다고도 했다. 하지만 올트먼은, 악의적 행위자가 '초지능 AI'를 먼저 개발하면 미국의 전력망을 공격하거나 생물 무기를 제작하는 데 악용될 수 있다고 경고했다. 미국의 안보를 위해서라도 미국이 초지능 AI 경쟁에서 중국 등에 뒤처지면 안 된다는 것이다(조선일보, 2025.7.24). 올트먼은 선한 목적에서 AI 기술을 개발해 심층적인 정보 탐색이나 혹은 데이터를 기반으로 한 현명한 진단과 결정을 꾀하려고 챗지피티를 비롯해 이미지 생성 기능을 가진 AI를 만들었을 것이다. 그러나 이처럼 인간의 능력을 현저히 뛰어넘는 인공지능 기술을 악용하려는 세력이 등장한다면 거기에 대해선 속수무책일 수도 있다는 것이다. 그렇다면 AI 기술을 통해 인류에게 어떤 측면이 유익하고 어떤 측면이 부정적인 해악을 끼칠 수 있는지를 살펴보기로 하자.

먼저 유익한 측면부터 살펴본다면, AI 기술은 얼굴 인식 기술 진화의 원동력이 되고 있다. AI가 딥러닝을 통해 수많은 얼굴 정보를 익히도록 함으로써 얼굴 인식 능력을 향상시키고, 이는 범죄자 색출, 테러범 차단 등 신원 확인 수단으로도 쓰인다. 가짜와 진짜를 구분할 수 있는 뛰어난 능력으로 병원에서 사용되는 X선과 CT촬영 및 MRI의 자료를 분석해 악성 종양의 징후와 변화 등을 찾아내는 등 의료 분야에도 큰 도움을 줄 수 있다(BBC News 코리아, 2021.3.12).

특히 코로나19 팬데믹 이후 비대면 서비스가 활성화되면서 기업들이 개발한 AI 앵커 외에도 AI 아이돌, AI 선생님 등, 엔터테인먼트와 교육뿐 아니라 금융과 같은 다양한 분야에 AI 기술을 접목할 수 있다. 유명 아나운서라면 본인이 직접 일을 하지 않아도 AI가 대신 행사를 나가거나 뉴스를 진행하면서 돈을 벌 수 있다. 이런 식으로 앞으로는 AI가 사람을 대체해서 일을 해 주는 서비스도 나올 수 있다.

AI 기술은 사람들의 마음을 심리적으로 위로하는 데에도 활용될 수 있다. 그리운 가족들이나 친지들의 얼굴을 보고 싶지만 멀리 떨어져 있어 보지 못하는 사람들의 모습을 똑같이 재현하고, 더 나아가 그 사람들이 생전 경험했던 여러 모습을 학습시켜서 그 사람과 대화할 수 있는, 영원히 그 사람을 보존할 수 있는 기술이 개발되고 있다고 하니 그리운 사람들의 이미지가 영상을 통해서 충분히 재현될 수 있는 것이다. 또 맞벌이가 필수인 요즘 시대에, 아이와 시간을 못 보내는 부모를 대신해서 부모의 목소리로 동화책을 읽어 주는 AI 서비스도 이미 제공되고 있는 것으로 알려진다.

그리고 최근에는 AI 기술을 범죄 수단으로 악용하는 딥페이크를 검출하고, 온라인에 돌아다니는 영상의 진위 여부를 판단할 수 있도록 도움을 주는 AI 페이크 파인더(Fake Finder)가 무료로 서비스되고 있는 실정이다. 그뿐만 아니라 이미 유럽은 2018년 일반 데이터 보호 규칙(GDPR)을 도입해, 사람에게 직접적인 영향을 주는 AI 알고리즘은 충분히 설명을 달아야 한다는 조항을 포함했다. 미국의 MIT는 2025년 구체적인 AI 정책 도입을 목표로 하는 'AI 정책 포럼'을 출범했고, 한국, 미국 등 14개국이 참여한 협의체 GPAI는 '책임성 있는 인공지능' 개발에 나섰다. AI의 긍정적이고 효율적인 활용을 위해 전 세계가 노력하고 있다.

하지만 전 세계의 노력에도 불구하고, AI의 부정적인

측면 또한 부인할 수 없다. AI를 통한 딥페이크 기술은 상당한 수준에 올라 이미지 조작을 통한 피해가 속출하고 있다. 그 중 몇 가지를 살펴보기로 하자. 첫째로 딥페이크 기술을 통해 허상으로 현실을 조작하는 기술 범죄는 아무리 전 세계가 노력한다 해도 그 진위 여부를 판가름하기가 쉽지 않아 보인다. 딥러닝 기반의 딥페이크 기술은 이미지, 영상, 음성을 정교하게 조작하여 마치 실제처럼 보이도록 만든다. 이는 가짜 뉴스 유포를 통한 사회적 혼란을 야기하고, 유명인들의 명예 훼손 및 금융 사기뿐만 아니라 심지어 정치 공작 등 다양한 범죄에 악용될 수 있다. 기술적 원리는 특정 인물의 얼굴이나 목소리 특징을 AI 모델에 학습시켜 다른 영상이나 음성에 자연스럽게 합성하는 것이라서 매우 쉬운 범죄 기술이라고 말할 수 있는데, 이것에 대한 진위 여부를 가리기는 수월치 않을 것이라고 전문가들은 밝히고 있다.

둘째로, AI 감시 시스템을 악용하는 일이 빈번해질 것이다. 이것은 '감시망의 역습'이라고 표현할 수 있는데, AI 기반 얼굴 인식 및 행동 분석 감시 시스템은 범죄 예방에 기여할 수 있지만, 동시에 개인정보 침해, 사생활 감시, 권력 남용 등 또 다른 형태의 범죄에 악용될 위험성도 안고 있어서 주의가 필요하다.

셋째는 지능형 해킹 문제가 있다. 이것은 AI 기반의 사이버 공격이라고 말할 수 있는데, AI는 사이버 공격의 방식을 계속해서 혁신하고 강화하고 있는 중이다. AI 기반 해킹 도구는 기존 보안 시스템의 취약점을 자동으로 탐지하고, 침투 경로를 최적화하며, 공격 패턴을 반복 학습해 더욱 지능적이고 회피적인 공격을 수행할 수 있다. 이는 기업의 중요 정보를 탈취하거나 기업의 기본 시스템을 마비시키거나, 랜섬웨어 공격 등의 심각한 피해를 초래할 수 있다. 전문가들이 의도적으로 상대 기업들에 피해를 주고자 마음먹는다면, 얼마든지 AI 기술을 통해 상대방 기업들의 보안 시스템을 파괴함으로써 막대한 피해를 줄 수 있다는 점에서 현대 사회에 불안감을 야기하고 있는 것이다.

넷째로 AI 기반 사기가 횡행할 수 있다. 인간 심리를 파고드는 지능적인 속임수의 도구로 AI가 사용될 경우 속수무책일 수 있다. AI 챗봇은 자연스러운 대화 능력을 갖고 있어, 사용자를 속여 개인정보나 금융 정보를 빼내는 데 활용될 수 있다. 또한 AI 기반 음성 복제 기술은 타인의 목소리를 완벽하게 모방해 가족이나 지인을 사칭한 송금 사기 등에 악용될 수 있다. 이러한 AI 기반 사기는 기존 사기 수법보다 훨씬 더 감쪽같고 대응하기 어렵다는 특징이 있다. 악인들이나 범죄자들이 사람들을 속이고 사기를 치기 위해 수단과 방법을 가리지 않는다면, 기존 보이스 피싱과 스미싱을 뛰어넘는 기상천외한 방법들이 출현할 수 있을 것이라는 점을 예측해 볼 때 매우 우려스러운 미래 전망이 나올 수밖에 없다.

다섯째로 자율주행 차량을 이용한 범죄가 나타날 수 있다. 이것은 미래의 새로운 범죄 도구로 출현할 것으로 예측되는데, 아직은 초기 단계이지만 미래에는 자율주행 차량이 범죄에 악용될 가능성도 배제할 수 없다. 원격조종을 통해서 범죄 관련 물품을 운반한다든지, 도주하기 위한 차량으로 자율 주행 차량을 활용한다든지, 심지어는 자율주행 기능을 마비시켜 사고를 유발하는 등 새로운 형태의 범죄가 등장할 수 있는 것이다.

마지막으론 AI에 기댄 부정 행위가 급상승할 수 있다. 사실 이 문제는 최근에야 비로소 불거진 이슈는 아니다. 2020년 우리나라 바둑계에선 김 모 2단(현 9단)이 온라인 기전 도중 AI 프로그램 카타고(KataGo)를 사용하다 발각되는 사건이 있었다. 카타고는 바둑에 특화된 인공신경망을 이용해 여러 가지 실험을 통해 얻은 노하우 및 아이디어를 집대성해 만든 인공지능 프로그램이다. 바둑 관련 인공지능 가운데에서는 가장 강력한 프로그램으로 알려져 있다. AI가 찾아 주는 최적의 수를 놓는 식으로 활용한 것이다. 당시 한국기원은 김 모 2단에게 1년간 자격 정지 조치를 내린 바 있다. 2023년 국내 수도권의 한 국제학교에서는 일부 학생들이 대화형 AI 서비스를 이용해 영문 에세이를 작성했다가 모두 0점 처리를 당하기도 했다(위클리비즈, 2025.5.1). AI를 이용해 손쉽게 부정행위를 한다면, 과연 그런 부정행위를 막아 내기가 쉬울까 하는 의구심이 든다. 이렇듯 AI의 기술 발전과 관련해 매우 우려스러운 측면이 많이 존재한다.

2025년 8월호 《보그(Vogue)》 잡지 인쇄판에는 의류 브랜드 게스(Guess)의 광고가 실렸다. 광고에는 브랜드의 여름 컬렉션 중 줄무늬 맥시 드레스(maxi dress)와 플로럴 수트(floral suit)를 입은 완벽한 금발 모델이 등장한다. 광고 한쪽 구석의 작은 글씨에는 이 모델이 AI로 만들어졌다는 설명이 적혀 있다. 보그 측은 이 AI 모델 사진을 싣는 것이 편집부의 결정은 아니었다고 밝혔는데, AI로 생성된 인물이 이 잡지에 등장한 것은 이번이 처음이다. 이 광고는 큰 논란을 불러일으켰다. 이번 일은 더 많은 다양성을 위해 싸워 온 실제 모델들이나 비현실적인 미의 기준으로 어려움을 겪고 있는 소비자들, 특히 젊은 소비자들에게 아름다움의 기준에 대한 질문을

던지고 있다(BBC News 코리아, 2025.7.27). 논란이 된 광고 뒤에는 세라핀 발로라(Seraphinne Vallora)라는 회사가 있다. 이 회사의 공동 창립자인 발렌티나 곤잘레스와 안드레아 페트레스쿠는, 게스 측으로부터 부탁을 받았으며 브랜드의 여름 캠페인의 일환으로 AI 모델 제작을 의뢰받았다고 말했다. “우리는 그를 위해 초안 모델 10명을 만들었고, 그는 그중 한 명의 갈색 머리 여성과 한 명의 금발 여성을 선택했다. 그 두 명을 더 발전시켜 최종 모델을 제작했다”라고 말했다. 이러한 사례만 보더라도 AI가 인류 사회에 가져올 새로운 변화의 양상은 이루 말할 수 없을 것이다. 이미지 조작을 뛰어넘어 이미지 스위치(Switch, 바꿔치기)의 시대로 가고 있음을 보여주는 사례라고 말할 수 있을 것이다.

결국 AI가 올바른 방향으로 가기 위해서는 AI를 개발하고 발전시키는 전문가들이 방향 설정을 잘해야 할 것이다. 가상현실(Virtual Reality)과 증강현실(Augmented Reality)의 차이에서도 그 힌트를 얻을 수 있다. 가상현실은 사용자가 완전히 디지털 환경에 시각적으로 진입하게 함으로써 그 현실 속에서 어떤 작동을 하게 하는 것이지만, 증강현실은 현실 세계를 기반으로 하여 그 위에 가상의 정보를 겹쳐 보이게 하는 원리를 말한다. 가상현실은 현실 세계를 완전히 대체하는 것에 비해, 증강현실은 현실 세계를 보완하는 형태라고 말할 수 있다. 원래 증강현실이라는 기술은 1990년경 항공기의 전선 조립을 위해 가상의 이미지를 실제 화면에 중첩시켜 이해하기 쉽게 설명하려는 시도에서 시작된 기술로 알려져 있다. 증강현실이 가상현실처럼 현실 세계를 완전히 대체하는 것이 아니고, 현실 세계에 대한 보완재로 사용되고 있다면, AI도 이러한 방향으로 나아가야 할 것이다. 어떻게 보면 AI를 인공지능(Artificial Intelligence)이라고 부르지 말고 증강 지능(Augmented Intelligence)이라고 불러야 할지도 모른다. AI는 현실을 완전히 대체하는 인공지능이 아니라 현실 세계를 보완하는 인공지능이 되어야 할 것이다.

증강현실이 최첨단 기술을 통해서 현실 세계를 보완해 주는 것처럼, AI도 현실과 동떨어진 기술이 아니라 현실 세계를 보완해 주는 기능을 탑재한다면 현실 세계는 더욱 살기 좋은 환경이 될 것이다. 하지만 현실 세계를 보완해 주지 못하고 현실 세계와는 사뭇 다른 차원에서만 기술이 개발된다면, AI는 인간 사회를 이롭게 하는 것이 아니라 해치는 도구가 될 수도 있다. 특히 악의 세력이 AI를 통해 검은 의도를 가진다면 인간 사회는 더욱더 암담한 미래를 맞이할 것임을 명심해야 할 것이다. AI에 의해서 인간 사회가 더욱 발전하고 더욱 바람직한 환경으로 바뀌어 나가는 미래를 꿈꿔 본다.

참고문헌

경향신문(2025.6.16). 사토이 "AI는 갈릴레오 망원경…기술 발달 속도, 정체기 접어들어", https://www.khan.co.kr/article/202506161323001

위클리비즈(2025.5.1). "모든 것을 속입시다" 부정 행위를 돕는 AI라고?, https://www.chosun.com/economy/weeklybiz/2025/05/01/PLZJRQX5RBEBVMN47VK6SIKXYY/

조선일보(2025.7.24). 올트먼 "AI 악용해 사람 사칭하는 사기 급증할 것", https://www.chosun.com/economy/tech_it/2025/07/24/EPTOORBKTJG7VAD3CZQPL6EU4E/

BBC News 코리아(2021.3.12). 딥페이크: AI기술에 드리운 빛과 그림자, https://www.bbc.com/korean/news-56358085

BBC News 코리아(2025.7.27). '보그에 실린 AI 모델', 패션업계에 뜨거운 논쟁을 불러오다, https://www.bbc.com/korean/articles/cj0y83ee9n9o

강승구

한국방송통신대학교 미디어영상학과 교수다. 연세대학교 신문방송학과를 졸업하고, 미국 미주리주립대학교에서 박사 학위를 받았다. 한국방송통신대학교 사회과학대학 학장, 서울캠퍼스 학장을 역임했으며, 현재 (사)서울국제문화예술협회 부회장을 맡고 있다.